中学校学習指導要領（平成 29 年告示）解説

技術・家庭編

平成 29 年 7 月

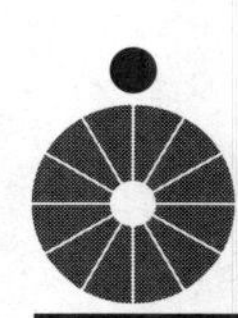

文部科学省

ま　え　が　き

文部科学省では，平成29年3月31日に学校教育法施行規則の一部改正と中学校学習指導要領の改訂を行った。新中学校学習指導要領等は平成33年度から全面的に実施することとし，平成30年度から一部を移行措置として先行して実施することとしている。

今回の改訂は，平成28年12月の中央教育審議会答申を踏まえ，

① 教育基本法，学校教育法などを踏まえ，これまでの我が国の学校教育の実績や蓄積を生かし，子供たちが未来社会を切り拓(ひら)くための資質・能力を一層確実に育成することを目指すこと。その際，子供たちに求められる資質・能力とは何かを社会と共有し，連携する「社会に開かれた教育課程」を重視すること。

② 知識及び技能の習得と思考力，判断力，表現力等の育成のバランスを重視する平成20年改訂の学習指導要領の枠組みや教育内容を維持した上で，知識の理解の質を更に高め，確かな学力を育成すること。

③ 先行する特別教科化など道徳教育の充実や体験活動の重視，体育・健康に関する指導の充実により，豊かな心や健やかな体を育成すること。

を基本的なねらいとして行った。

本書は，大綱的な基準である学習指導要領の記述の意味や解釈などの詳細について説明するために，文部科学省が作成するものであり，中学校学習指導要領第2章第8節「技術・家庭」について，その改善の趣旨や内容を解説している。

各学校においては，本書を御活用いただき，学習指導要領等についての理解を深め，創意工夫を生かした特色ある教育課程を編成・実施されるようお願いしたい。

むすびに，本書「中学校学習指導要領解説技術・家庭編」の作成に御協力くださった各位に対し，心から感謝の意を表する次第である。

平成29年7月

文部科学省初等中等教育局長

髙　橋　道　和

目次

第1章　総　説

1　改訂の経緯及び基本方針

(1) 改訂の経緯

今の子供たちやこれから誕生する子供たちが，成人して社会で活躍する頃には，我が国は厳しい挑戦の時代を迎えていると予想される。生産年齢人口の減少，グローバル化の進展や絶え間ない技術革新等により，社会構造や雇用環境は大きく，また急速に変化しており，予測が困難な時代となっている。また，急激な少子高齢化が進む中で成熟社会を迎えた我が国にあっては，一人一人が持続可能な社会の担い手として，その多様性を原動力とし，質的な豊かさを伴った個人と社会の成長につながる新たな価値を生み出していくことが期待される。

こうした変化の一つとして，人工知能（ＡＩ）の飛躍的な進化を挙げることができる。人工知能が自ら知識を概念的に理解し，思考し始めているとも言われ，雇用の在り方や学校において獲得する知識の意味にも大きな変化をもたらすのではないかとの予測も示されている。このことは同時に，人工知能がどれだけ進化し思考できるようになったとしても，その思考の目的を与えたり，目的のよさ・正しさ・美しさを判断したりできるのは人間の最も大きな強みであるということの再認識につながっている。

このような時代にあって，学校教育には，子供たちが様々な変化に積極的に向き合い，他者と協働して課題を解決していくことや，様々な情報を見極め知識の概念的な理解を実現し情報を再構成するなどして新たな価値につなげていくこと，複雑な状況変化の中で目的を再構築することができるようにすることが求められている。

このことは，本来，我が国の学校教育が大切にしてきたことであるものの，教師の世代交代が進むと同時に，学校内における教師の世代間のバランスが変化し，教育に関わる様々な経験や知見をどのように継承していくかが課題となり，また，子供たちを取り巻く環境の変化により学校が抱える課題も複雑化・困難化する中で，これまでどおり学校の工夫だけにその実現を委ねることは困難になってきている。

こうした状況を踏まえ，平成26年11月には，文部科学大臣から新しい時代にふさわしい学習指導要領等の在り方について中央教育審議会に諮問を行った。中央教育審議会においては，２年１か月にわたる審議の末，平成28年12月21日に「幼稚園，小学校，中学校，高等学校及び特別支援学校の学習指導要領等の改善及び必要な方策等について（答申）」（以下「中央教育審議会答申」という。）を示した。

中央教育審議会答申においては，“よりよい学校教育を通じてよりよい社会を創る”という目標を学校と社会が共有し，連携・協働しながら，新しい時代に求められる資質・能力を子供たちに育む「社会に開かれた教育課程」の実現を目指し，学習指導要領等が，学校，家庭，地域の関係者が幅広く共有し活用できる「学びの地図」としての役割を果たすことができるよう，次の6点にわたってその枠組みを改善するとともに，各学校において教育課程を軸に学校教育の改善・充実の好循環を生み出す「カリキュラム・マネジメント」の実現を目指すことなどが求められた。

① 「何ができるようになるか」（育成を目指す資質・能力）
② 「何を学ぶか」（教科等を学ぶ意義と，教科等間・学校段階間のつながりを踏まえた教育課程の編成）
③ 「どのように学ぶか」（各教科等の指導計画の作成と実施，学習・指導の改善・充実）
④ 「子供一人一人の発達をどのように支援するか」（子供の発達を踏まえた指導）
⑤ 「何が身に付いたか」（学習評価の充実）
⑥ 「実施するために何が必要か」（学習指導要領等の理念を実現するために必要な方策）

これを踏まえ，平成29年3月31日に学校教育法施行規則を改正するとともに，幼稚園教育要領，小学校学習指導要領及び中学校学習指導要領を公示した。小学校学習指導要領は，平成30年4月1日から第3学年及び第4学年において外国語活動を実施する等の円滑に移行するための措置（移行措置）を実施し，平成32年4月1日から全面実施することとしている。また，中学校学習指導要領は，平成30年4月1日から移行措置を実施し，平成33年4月1日から全面実施することとしている。

(2) 改訂の基本方針

今回の改訂は中央教育審議会答申を踏まえ，次の基本方針に基づき行った。

① 今回の改訂の基本的な考え方

ア　教育基本法，学校教育法などを踏まえ，これまでの我が国の学校教育の実践や蓄積を生かし，子供たちが未来社会を切り拓（ひら）くための資質・能力を一層確実に育成することを目指す。その際，子供たちに求められる資質・能力とは何かを社会と共有し，連携する「社会に開かれた教育課程」を重視すること。

イ　知識及び技能の習得と思考力，判断力，表現力等の育成のバランスを重視する平成20年改訂の学習指導要領の枠組みや教育内容を維持した上で，知識の理解の質を更に高め，確かな学力を育成すること。

ウ　先行する特別教科化など道徳教育の充実や体験活動の重視，体育・健康に関する指導の充実により，豊かな心や健やかな体を育成すること。

②　育成を目指す資質・能力の明確化

中央教育審議会答申においては，予測困難な社会の変化に主体的に関わり，感性を豊かに働かせながら，どのような未来を創っていくのか，どのように社会や人生をよりよいものにしていくのかという目的を自ら考え，自らの可能性を発揮し，よりよい社会と幸福な人生の創り手となる力を身に付けられるようにすることが重要であること，こうした力は全く新しい力ということではなく学校教育が長年その育成を目指してきた「生きる力」であることを改めて捉え直し，学校教育がしっかりとその強みを発揮できるようにしていくことが必要とされた。また，汎用的な能力の育成を重視する世界的な潮流を踏まえつつ，知識及び技能と思考力，判断力，表現力等をバランスよく育成してきた我が国の学校教育の蓄積を生かしていくことが重要とされた。

このため「生きる力」をより具体化し，教育課程全体を通して育成を目指す資質・能力を，ア「何を理解しているか，何ができるか（生きて働く「知識・技能」の習得）」，イ「理解していること・できることをどう使うか（未知の状況にも対応できる「思考力・判断力・表現力等」の育成）」，ウ「どのように社会・世界と関わり，よりよい人生を送るか（学びを人生や社会に生かそうとする「学びに向かう力・人間性等」の涵(かん)養）」の三つの柱に整理するとともに，各教科等の目標や内容についても，この三つの柱に基づく再整理を図るよう提言がなされた。

今回の改訂では，知・徳・体にわたる「生きる力」を子供たちに育むために「何のために学ぶのか」という各教科等を学ぶ意義を共有しながら，授業の創意工夫や教科書等の教材の改善を引き出していくことができるようにするため，全ての教科等の目標及び内容を「知識及び技能」，「思考力，判断力，表現力等」，「学びに向かう力，人間性等」の三つの柱で再整理した。

③　「主体的・対話的で深い学び」の実現に向けた授業改善の推進

子供たちが，学習内容を人生や社会の在り方と結び付けて深く理解し，これからの時代に求められる資質・能力を身に付け，生涯にわたって能動的に学び続けることができるようにするためには，これまでの学校教育の蓄積を生かし，学習の質を一層高める授業改善の取組を活性化していくことが必要であり，我が国の優れた教育実践に見られる普遍的な視点である「主体的・対話的で深い学び」の実現に向けた授業改善（アクティブ・ラーニングの視点に立った授業改善）を推進することが求められる。

今回の改訂では「主体的・対話的で深い学び」の実現に向けた授業改善を進める際の指導上の配慮事項を総則に記載するとともに，各教科等の「第3　指導計画の作成と内容の取扱い」において，単元や題材など内容や時間のまとまりを見通して，その中で育む資質・能力の育成に向けて，「主体的・対話的で深い学び」の実現に向けた授業改善を進めることを示した。

その際，以下の6点に留意して取り組むことが重要である。

ア　児童生徒に求められる資質・能力を育成することを目指した授業改善の取組は，既に小・中学校を中心に多くの実践が積み重ねられており，特に義務教育段階はこれまで地道に取り組まれ蓄積されてきた実践を否定し，全く異なる指導方法を導入しなければならないと捉える必要はないこと。

イ　授業の方法や技術の改善のみを意図するものではなく，児童生徒に目指す資質・能力を育むために「主体的な学び」,「対話的な学び」,「深い学び」の視点で，授業改善を進めるものであること。

ウ　各教科等において通常行われている学習活動（言語活動，観察・実験，問題解決的な学習など）の質を向上させることを主眼とするものであること。

エ　1回1回の授業で全ての学びが実現されるものではなく，単元や題材など内容や時間のまとまりの中で，学習を見通し振り返る場面をどこに設定するか，グループなどで対話する場面をどこに設定するか，児童生徒が考える場面と教師が教える場面をどのように組み立てるかを考え，実現を図っていくものであること。

オ　深い学びの鍵として「見方・考え方」を働かせることが重要になること。各教科等の「見方・考え方」は，「どのような視点で物事を捉え，どのような考え方で思考していくのか」というその教科等ならではの物事を捉える視点や考え方である。各教科等を学ぶ本質的な意義の中核をなすものであり，教科等の学習と社会をつなぐものであることから，児童生徒が学習や人生において「見方・考え方」を自在に働かせることができるようにすることにこそ，教師の専門性が発揮されることが求められること。

カ　基礎的・基本的な知識及び技能の習得に課題がある場合には，その確実な習得を図ることを重視すること。

④　各学校におけるカリキュラム・マネジメントの推進

各学校においては，教科等の目標や内容を見通し，特に学習の基盤となる資質・能力（言語能力，情報活用能力（情報モラルを含む。以下同じ。），問題発見・解決能力等）や現代的な諸課題に対応して求められる資質・能力の育成のためには，教科等横断的な学習を充実することや，「主体的・対話的で深い学び」の実現に向けた授業改善を，単元や題材など内容や時間のまとまりを見通して行うことが求められる。これらの取組の実現のためには，学校全体として，児童生徒や学校，地域の実態を適切に把握し，教育内容や時間の配分，必要な人的・物的体制の確保，教育課程の実施状況に基づく改善などを通して，教育活動の質を向上させ，学習の効果の最大化を図るカリキュラム・マネジメントに努めることが求められる。

このため総則において，「生徒や学校，地域の実態を適切に把握し，教育の目的や目標の実現に必要な教育の内容等を教科等横断的な視点で組み立てていくこと，教育課程の実施状況を評価してその改善を図っていくこと，教育課程の実施に必要な人的又は物的な体制を確保するとともにその改善を図っていくことなどを通して，教育課程に基づき組織的かつ計画的に各学校の教育活動の質の向上を図っていくこと（以下「カリキュラム・マネジメント」という。）に努める」ことについて新たに示した。

⑤ 教育内容の主な改善事項

このほか，言語能力の確実な育成，理数教育の充実，伝統や文化に関する教育の充実，体験活動の充実，外国語教育の充実などについて総則や各教科等において，その特質に応じて内容やその取扱いの充実を図った。

2 技術・家庭科改訂の趣旨及び要点

(1) 改訂の趣旨

中央教育審議会答申において，学習指導要領等改訂の基本的な方向性が示されるとともに，各教科等における改訂の具体的な方向性も示されている。今回の中学校技術・家庭科の改訂は，これらを踏まえて行われたものである。

答申の中で，中学校技術・家庭科の内容の見直しについては，次のように示されている。

ア　平成20年改訂の学習指導要領の成果と課題を踏まえた家庭科，技術・家庭科の目標の在り方

家庭科，技術・家庭科家庭分野においては，普段の生活や社会に出て役立つ，将来生きていく上で重要であるなど，児童生徒の学習への関心や有用感が高いなどの成果が見られる。一方，家庭生活や社会環境の変化によって家庭や地域の教育機能の低下等も指摘される中，家族の一員として協力することへの関心が低いこと，家族や地域の人々と関わること，家庭での実践や社会に参画する

ことが十分ではないことなどに課題が見られる。また，家族・家庭生活の多様化や消費生活の変化等に加えて，グローバル化や少子高齢社会の進展，持続可能な社会の構築等，今後の社会の急激な変化に主体的に対応することが求められる。

目標とする資質・能力については，実践的・体験的な活動を通して，家族・家庭，衣食住，消費や環境等についての科学的な理解を図り，それらに係る技能を身に付けるとともに，生活の中から問題を見いだして課題を設定しそれを解決する力や，よりよい生活の実現に向けて，生活を工夫し創造しようとする態度等を育成することを基本的な考え方とする。

技術・家庭科技術分野においては，社会，環境及び経済といった複数の側面から技術を評価し具体的な活用方法を考え出す力や，目的や条件に応じて設計したり，効率的な情報処理の手順を工夫したりする力の育成について課題があるとの指摘がある。また，社会の変化等に主体的に対応し，よりよい生活や持続可能な社会を構築していくため，技術分野では，技術の発達を主体的に支え，技術革新を牽引することができるよう，技術を評価，選択，管理・運用，改良，応用することが求められる。

目標とする資質・能力については，実践的・体験的な活動を通して，生活や社会で利用されている技術についての基礎的な理解を図り，それらに係る技能を身に付けるとともに，生活や社会の中から技術に関わる問題を見いだして課題を設定しそれを解決する力や，よりよい生活や持続可能な社会の構築に向けて，適切かつ誠実に技術を工夫し創造しようとする態度等を育成することを基本的な考え方とする。

イ　具体的な改善事項

(ｱ) 指導内容の示し方の改善

家庭科，技術・家庭科家庭分野については，次の３点から示し方を改善することが求められる。

第一には，小・中・高等学校の内容の系統性の明確化である。児童生徒の発達を踏まえ，小・中・高等学校の各内容の接続が見えるように，小・中学校においては，「家族・家庭生活」，「衣食住の生活」，「消費生活と環境」に関する三つの枠組みに整理することが適当である。また，この枠組みは，「生活の営みに係る見方・考え方」も踏まえたものである。

第二には，空間軸と時間軸という二つの視点からの学校段階に応じた学習対象の明確化である。空間軸の視点では，家庭，地域，社会という空間的な広がりから，時間軸の視点では，これまでの生活，現在の生活，これからの生活，生涯を見通した生活という時間的な広がりから学習対象を捉えて指導内容を整理することが適当である。

第三には，学習過程を踏まえた改善である。生活の中から問題を見いだし，課題を設定し，解決方法を検討し，計画，実践，評価・改善するという一連の学習過程を重視し，この過程を踏まえて基礎的な知識・技能の習得に係る内容や，それらを活用して思考力・判断力・表現力等の育成に係る内容について整理することが適当である。

技術・家庭科技術分野については，資質・能力や学習過程との関連を図ることが適当であり，以下の内容で構成することが考えられる。

・ 技術の仕組みや役割，進展等を，科学的に理解することで，「技術の見方・考え方」に気付き，課題の解決に必要となる知識・技能を習得させる内容（「生活や社会を支える技術」）
・ 習得した知識・技能を活用して，生活や社会における技術に関わる問題を解決することで，理解の深化や技能の習熟を図るとともに，技術によって問題を解決できる力や技術を工夫し創造しようとする態度を育成する内容（「技術による問題解決」）
・ 自らの問題解決の結果と過程を振り返ることで，身に付けた「技術の見方・考え方」に沿って生活や社会を広く見つめなおす内容（「社会の発展と技術」）

(ｲ) 教育内容の見直し

今後の社会を担う子供たちには，グローバル化，少子高齢化，持続可能な社会の構築等の現代的な諸課題を適切に解決できる能力が求められることから，家庭科，技術・家庭科においては，学校種ごとに次のような教育内容の見直しを図ることが必要である。

（技術分野）

生活や社会において様々な技術が複合して利用されている現状を踏まえ，材料，加工，生物育成，エネルギー変換，情報等の専門分野における重要な概念等を基にした教育内容とする。なお，急速な発達を遂げている情報の技術に関しては，小学校におけるプログラミング教育の成果を生かし，発展させるという視点から，従前からの計測・制御に加えて，双方向性のあるコンテンツに関するプログラミングや，ネットワークやデータを活用して処理するプログラミングも題材として扱うことが考えられる。その際，情報セキュリティ等についても充実する。

また，技術の発達を支え，技術改革を牽引するために必要な資質・能力を育成する視点から，知的財産を創造・保護・活用していこうとする態度や使用者・生産者の安全に配慮して設計・製作したりするなどの倫理観の育成を重視する。あわせて，技術の高度化や産業構造の変化等の社会の変化を踏まえ，我が国に根付いているものづくりの文化や伝統的な技術の継承，技術革新及びそれを担う職業・産業への関心，経済的主体等として求められる働くことの意義の理解，他者と協働して粘り強く物事を前に進めようとすること，安全な生活や社会づくりに貢献しようとすること等を重視する。

（家庭分野）

「家族・家庭生活」，「衣食住の生活」，「消費生活・環境」に関する三つの内容で構成する。家庭の機能を理解し，家族や地域の人々と協働することや，幼児触れ合い体験，高齢者との交流等，人とよりよく関わる力を育成するための学習活動，食育を一層推進するための中学生の栄養と献立，調理や食文化などに関する学習活動を充実する。また，金銭の管理に関する内容や，消費生活や環境に配慮したライフスタイルの確立の基礎となる内容を充実するとともに，他の内容との関連を図り，実践的な学習活動を一層充実する。さらに，主として衣食住の生活において，日本の生活文化を継承する学習活動を充実する。

学習した知識・技能を実生活で活用するために，家庭や地域社会と連携を図った「生活の課題と実践」に関する内容を充実する。

(2) 改訂の要点

中央教育審議会の答申に示された学習指導要領等改訂の基本的な方向性及び各教科等における改訂の具体的な方向性を踏まえ，技術・家庭科については，家族・家庭生活の多様化や消費生活の変化等に加えて，グローバル化や少子高齢社会の進展，持続可能な社会の構築等，今後の社会の急激な変化に主体的に対応することや，技術の発達を主体的に支え，技術革新を牽引することができる資質・能力の育成を目指して，目標及び内容について，次のように改善を図っている。

ア　目標の改善

教科目標及び分野目標については，今回の改訂の基本方針を踏まえ，育成を目指す資質・能力を三つの柱により明確にし，全体に関わる目標を柱書として示すとともに，(1)として「知識及び技能」を，(2)として「思考力，判断力，表現力等」を，(3)として「学びに向かう力，人間性等」の目標を示す。

また，(1)から(3)までに示す資質・能力の育成を目指すに当たり，質の高い深い学びを実現するために，技術・家庭科の特質に応じた物事を捉える視点や考え方（見方・考え方）を働かせることを示す。

具体的には，次のように目標を改めた。

（技術・家庭科）

生活の営みに係る見方・考え方や技術の見方・考え方を働かせ，生活や技術に関する実践的・体験的な活動を通して，よりよい生活の実現や持続可能な社会の構築に向けて，生活を工夫し創造する資質・能力を次のとおり育成することを目指す。

(1) 生活と技術についての基礎的な理解を図るとともに，それらに係る技能を身に付けるようにする。
(2) 生活や社会の中から問題を見いだして課題を設定し，解決策を構想し，実践を評価・改善し，表現するなど，課題を解決する力を養う。
(3) よりよい生活の実現や持続可能な社会の構築に向けて，生活を工夫し創造しようとする実践的な態度を養う。

（技術分野）

技術の見方・考え方を働かせ，ものづくりなどの技術に関する実践的・体験的な活動を通して，技術によってよりよい生活や持続可能な社会を構築する資質・能力を次のとおり育成することを目指す。

(1) 生活や社会で利用されている材料，加工，生物育成，エネルギー変換及び情報の技術についての基礎的な理解を図るとともに，それらに係る技能を身に付け，技術と生活や社会，環境との関わりについて理解を深める。
(2) 生活や社会の中から技術に関わる問題を見いだして課題を設定し，解決策を構想し，製作図等に表現し，試作等を通じて具体化し，実践を評価・改善するなど，課題を解決する力を養う。
(3) よりよい生活の実現や持続可能な社会の構築に向けて，適切かつ誠実に技術を工夫し創造しようとする実践的な態度を養う。

（家庭分野）

生活の営みに係る見方・考え方を働かせ，衣食住などに関する実践的・体験的な活動を通して，よりよい生活の実現に向けて，生活を工夫し創造する資質・能力を次のとおり育成することを目指す。

(1) 家族・家庭の機能について理解を深め，家族・家庭，衣食住，消費や環境などについて，生活の自立に必要な基礎的な理解を図るとともに，それらに係る技能を身に付けるようにする。
(2) 家族・家庭や地域における生活の中から問題を見いだして課題を設定し，解決策を構想し，実践を評価・改善し，考察したことを論理的に表現するなど，これからの生活を展望して課題を解決する力を養う。
(3) 自分と家族，家庭生活と地域との関わりを考え，家族や地域の人々と協働し，よりよい生活の実現に向けて，生活を工夫し創造しようとする実践的な態度を養う。

目標の柱書に示した「見方・考え方」は，内容等によって重点の置き方が変わったり異なる視点を用いたりする場合があるが，基本的には次のように整理した。

「技術の見方・考え方」

生活や社会における事象を，技術との関わりの視点で捉え，社会からの要求，安全性，環境負荷や経済性などに着目して技術を最適化すること。

「生活の営みに係る見方・考え方」

家族や家庭，衣食住，消費や環境などに係る生活事象を，協力・協働，健康・快適・安全，生活文化の継承・創造，持続可能な社会の構築等の視点で捉え，よりよい生活を営むために工夫すること。

イ　内容の改善

内容については，項目ごとに，育成する資質・能力を三つの柱に沿って示すことが基本となるが，特に「学びに向かう力，人間性等」については，教科目標及び各分野目標においてまとめて示すこととした。

また，内容構成や履修方法等については，以下のように改善を図った。

(技術分野)

(ｱ) 内容構成の改善

現代社会で活用されている多様な技術を「A材料と加工の技術」，「B生物育成の技術」，「Cエネルギー変換の技術」，「D情報の技術」の四つに整理し，全ての生徒に履修させる。

なお，各内容を示す順序は，各学校における指導学年などを規定するものではないが，小学校における学習との接続を重視する視点から，生物育成の技術に関する内容とエネルギー変換の技術に関する内容の順序を入れ替えた。

技術分野で育成することを目指す資質・能力は，単に何かをつくるという活動ではなく，技術の見方・考え方を働かせつつ，生活や社会における技術に関わる問題を見いだして課題を設定し，解決方策が最適なものとなるよう設計・計画し，製作・制作・育成を行い，その解決結果や解決過程を評価・改善するという活動の中で効果的に育成できると考えられる。そして，このような学習活動と育成する資質・能力との関連を図れるよう，各内容は以下の内容の項目で構成する。

・　技術の仕組みや役割，進展等を科学的に理解することで，技術の見方・考え方に気付き，課題の解決に必要となる知識及び技能を習得させることを中心とする内容（「生活や社会を支える技術」）
・　習得した知識及び技能を活用して，生活や社会における技術に関わる問題を解決することで，理解の深化や技能の習熟を図るとともに，技術によって課題を解決する力と，自分なりの新しい考え方や捉え方によって解決策を構想しようとする態度などを育成することを中心とする内容（「技術による問題の解決」）

・　自らの問題解決の結果と過程を振り返ることで，技術の概念を理解し，身に付けた技術の見方・考え方に沿って生活や社会を広く見つめ，技術を評価し，適切な選択，管理・運用の在り方，新たな発想に基づく改良，応用の在り方について考える力と，社会の発展に向けて技術を工夫し創造しようとする態度などを育成することを中心とする内容（「社会の発展と技術」）

(ｲ) 履修方法の改善

技術に関する教育を体系的に行うために，第１学年の最初に扱う内容の「生活や社会を支える技術」の項目は，小学校での学習を踏まえた中学校での学習のガイダンス的な内容としても指導する。

分野目標の実現に向け，高等学校との関連を踏まえるとともに，現代社会で活用されている多くの技術がシステム化されている実態に対応するために，第３学年で取り上げる内容の「技術による問題の解決」の項目では，他の内容の技術も含めた統合的な問題について取り扱う。

(ｳ) 社会の変化への対応

指導内容については，生活や社会において様々な技術が複合して利用されている現状を踏まえ，各技術に関連した専門分野における重要な概念等を基にしたものとする。

なお，急速な発達を遂げている情報の技術に関しては，小学校におけるプログラミング教育の成果を生かし発展させるという視点から，従前からの計測・制御に加えて，ネットワークを利用した双方向性のあるコンテンツのプログラミングについても取り上げる。加えて，情報セキュリティ等についても充実する。

技術の発達を支え，技術改革を牽引するために必要な資質・能力を育成する視点から，知的財産を創造，保護及び活用していこうとする態度や使用者・生産者の安全に配慮して設計・製作するなどの倫理観の育成を重視する。あわせて，技術の高度化や産業構造の変化等の社会の変化を踏まえ，我が国に根付いているものづくりの文化や伝統的な技術の継承，技術革新及びそれを担う職業・産業への関心，経済的主体等として求められる働くことの意義の理解，他者と協働して粘り強く物事を前に進めようとすること，安全な生活や社会づくりに貢献しようとすることなどを重視する。

技術分野　新旧内容項目一覧

新（平成29年告示）	旧（平成20年告示）
A　材料と加工の技術	**A　材料と加工に関する技術**
(1) 生活や社会を支える材料と加工の技術 ア　材料や加工の特性等の原理・法則と基礎的な技術の仕組み イ　技術に込められた問題解決の工夫	(1) 生活や産業の中で利用されている技術 ア　技術が生活の向上や産業の継承と発展に果たしている役割 イ　技術の進展と環境との関係
(2) 材料と加工の技術による問題の解決 ア　製作に必要な図，安全・適切な製作，検査・点検など イ　問題の発見と課題の設定，成形の方法などの構想と設計の具体化，製作の過程や結果の評価，改善及び修正	(2) 材料と加工法 ア　材料の特徴と利用方法 イ　材料に適した加工法と，工具や機器の安全な使用 ウ　材料と加工に関する技術の適切な評価・活用
(3) 社会の発展と材料と加工の技術 ア　生活や社会，環境との関わりを踏まえた技術の概念 イ　技術の評価，選択と管理・運用，改良と応用	(3) 材料と加工に関する技術を利用した製作品の設計・製作 ア　使用目的や使用条件に即した機能と構造 イ　構想の表示方法と，製作図 ウ　部品加工，組立て及び仕上げ
B　生物育成の技術	**C　生物育成に関する技術**
(1) 生活や社会を支える生物育成の技術 ア　生物の成長などの原理・法則と基礎的な技術の仕組み イ　技術に込められた問題解決の工夫	(1) 生物の生育環境と育成技術 ア　生物の育成に適する条件と，育成環境を管理する方法 イ　生物育成に関する技術の適切な評価・活用
(2) 生物育成の技術による問題の解決 ア　安全・適切な栽培又は飼育，検査など イ　問題の発見と課題の設定，育成環境の調節方法の構想と育成計画，栽培又は飼育の過程や結果の評価，改善及び修正	(2) 生物育成に関する技術を利用した栽培又は飼育 ア　目的とする生物の育成計画と，栽培又は飼育
(3) 社会の発展と生物育成の技術 ア　生活や社会，環境との関わりを踏まえた技術の概念 イ　技術の評価，選択と管理・運用，改良と応用	
C　エネルギー変換の技術	**B　エネルギー変換に関する技術**
(1) 生活や社会を支えるエネルギー変換の技術 ア　電気，運動，熱の特性等の原理・法則と基礎的な技術の仕組み イ　技術に込められた問題解決の工夫	(1) エネルギー変換機器の仕組みと保守点検 ア　エネルギーの変換方法や力の伝達の仕組み イ　機器の基本的な仕組み，保守点検と事故防止 ウ　エネルギー変換に関する技術の適切な評価・活用
(2) エネルギー変換の技術による問題の解決 ア　安全・適切な製作，実装，点検，調整など イ　問題の発見と課題の設定，電気回路や力学的な機構などの構想と設計の具体化，製作の過程や結果の評価，改善及び修正	(2) エネルギー変換に関する技術を活用した製作品の設計・製作 ア　製作品に必要な機能と構造の選択と，設計 イ　製作品の組立て・調整や電気回路の配線・点検
(3) 社会の発展とエネルギー変換の技術 ア　生活や社会，環境との関わりを踏まえた技術の概念 イ　技術の評価，選択と管理・運用，改良と応用	
D　情報の技術	**D　情報に関する技術**
(1) 生活や社会を支える情報の技術 ア　情報の表現の特性等の原理・法則と基礎的な技術の仕組み イ　技術に込められた問題解決の工夫	(1) 情報通信ネットワークと情報モラル ア　コンピュータの構成と基本的な情報処理の仕組み イ　情報通信ネットワークにおける基本的な情報利用の仕組み ウ　著作権や発信した情報に対する責任と，情報モラル エ　情報に関する技術の適切な評価・活用
(2) ネットワークを利用した双方向性のあるコンテンツのプログラミングによる問題の解決 ア　情報通信ネットワークの構成，安全に情報を利用するための仕組み，安全・適切な制作，動作の確認，デバッグ等 イ　問題の発見と課題の設定，メディアを複合する方法などの構想と情報処理の手順の具体化，制作の過程や結果の評価，改善及び修正	(2) ディジタル作品の設計・制作 ア　メディアの特徴と利用方法，制作品の設計 イ　多様なメディアの複合による表現や発信
(3) 計測・制御のプログラミングによる問題の解決 ア　計測・制御システムの仕組み，安全・適切な制作，動作の確認，デバッグ等 イ　問題の発見と課題の設定，計測・制御システムの構想と情報処理の手順の具体化，制作の過程や結果の評価，改善及び修正	(3) プログラムによる計測・制御 ア　コンピュータを利用した計測・制御の基本的な仕組み イ　情報処理の手順と，簡単なプログラムの作成
(4) 社会の発展と情報の技術 ア　生活や社会，環境との関わりを踏まえた技術の概念 イ　技術の評価，選択と管理・運用，改良と応用	

（家庭分野）

(ｱ) 内容構成の改善

今回の改訂では，小・中・高等学校の内容の系統性を明確にし，各内容の接続が見えるように，小・中学校においては，従前のＡ，Ｂ，Ｃ，Ｄの四つの内容を「Ａ家族・家庭生活」，「Ｂ衣食住の生活」，「Ｃ消費生活・環境」の三つの内容としている。Ａ，Ｂ，Ｃのそれぞれの内容は，「生活の営みに係る見方・考え方」に示した主な視点が共通している。

また，これらの三つの内容は，空間軸と時間軸の視点から学校段階別に学習対象を整理している。中学校における空間軸の視点は，主に家庭と地域，時間軸の視点は，主にこれからの生活を展望した現在の生活としている。

さらに，資質・能力を育成する学習過程を踏まえ，各項目は，原則として「知識及び技能」の習得と，「思考力，判断力，表現力等」の育成に係る二つの指導事項ア，イで構成している。

(ｲ) 履修方法の改善

内容の「Ａ家族・家庭生活」の(1)については，小学校家庭科の学習を踏まえ，家族・家庭の機能について扱うとともに，中学校における学習の見通しを立てさせるためのガイダンスとして，第１学年の最初に履修させることとしている。また，「生活の課題と実践」に係る「Ａ家族・家庭生活」の(4)，「Ｂ衣食住の生活」の(7)及び「Ｃ消費生活・環境」の(3)については，これらの三項目のうち，一以上を選択して履修させ，他の内容と関連を図り扱うこととしている。

(ｳ) 社会の変化への対応

○　家族・家庭生活に関する内容の充実

少子高齢社会の進展に対応して，家族や地域の人々とよりよく関わる力を育成するために，「Ａ家族・家庭生活」においては，幼児との触れ合い体験などを一層重視するとともに，高齢者など地域の人々と協働することに関する内容を新設している。

○　食育の推進に関する内容の充実

食育を一層推進するために，「Ｂ衣食住の生活」の食生活に関する内容を小学校と同様の食事の役割，栄養と献立，調理で構成するとともに，調理の学習においては，小学校での「ゆでる，いためる」に加え，「煮る，焼く，蒸す等」の調理方法を扱い，基礎的・基本的な知識及び技能を確実に習得できるようにしている。

○　日本の生活文化に関する内容の充実

グローバル化に対応して，日本の生活文化を継承することの大切さに気付くことができるよう，「Ｂ衣食住の生活」においては，和食，和服など，日本の伝統的な生活についても扱うこととしている。

○　自立した消費者の育成に関する内容の充実

持続可能な社会の構築に対応して，自立した消費者を育成するために，「C消費生活・環境」においては，計画的な金銭管理，消費者被害への対応に関する内容を新設するとともに，他の内容と関連を図り，消費生活や環境に配慮したライフスタイルの確立の基礎となる内容の改善を図っている。

(ｴ) 知識及び技能を実生活で活用することに関する内容の充実

習得した知識及び技能などを実生活で活用するために，「生活と課題の実践」については，A，B，Cの各内容に位置付け，他の内容と関連を図り，実践的な活動を家庭や地域などで行うなど，内容の改善を図っている。

(ｵ) 家族・家庭の機能と生活の営みに係る見方・考え方との関連を図るための内容の充実

家族・家庭の機能を「A家族・家庭生活」の(1)「自分の成長と家族・家庭生活」に位置付け，各内容と関連を図るとともに，生活の営みに係る見方・考え方とも関連付けるなど，内容の改善を図っている。

家庭分野　新旧内容項目一覧

新（平成 29 年告示）	旧（平成 20 年告示）
A　家族・家庭生活	**A　家庭・家庭と子どもの成長**
(1) 自分の成長と家族・家庭生活 ア　自分の成長と家庭生活との関わり，家族・家庭の基本的な機能，家族や地域の人々との協力・協働 (2) 幼児の生活と家族 ア(ア) 幼児の発達と生活の特徴，家族の役割 (イ) 幼児の遊びの意義，幼児との関わり方 イ　幼児との関わり方の工夫 (3) 家族・家庭や地域との関わり ア(ア) 家族の協力と家族関係 (イ) 家庭生活と地域との関わり，高齢者との関わり方 イ　家庭関係をよりよくする方法及び地域の人々と協働する方法の工夫 (4) 家族・家庭生活についての課題と実践 ア　家族，幼児の生活又は地域の生活についての課題と計画，実践，評価	(1) 自分の成長と家族 ア　自分の成長と家族や家庭生活とのかかわり (2) 家庭と家族関係 ア　家庭や家族の基本的な機能，家庭生活と地域とのかかわり イ　これからの自分と家族，家族関係をよりよくする方法 (3) 幼児の生活と家族 ア　幼児の発達と生活の特徴，家族の役割 イ　幼児の観察や遊び道具の製作，幼児の遊びの意義 ウ　幼児との触れ合い，かかわり方の工夫 エ　家族又は幼児の生活についての課題と実践
B　衣食住の生活	**B　食生活と自立**
(1) 食事の役割と中学生の栄養の特徴 ア(ア) 食事が果たす役割 (イ) 中学生の栄養の特徴，健康によい食習慣 イ　健康によい食習慣の工夫 (2) 中学生に必要な栄養を満たす食事 ア(ア) 栄養素の種類と働き，食品の栄養的特質 (イ) 中学生の１日に必要な食品の種類と概量，献立作成の方法 イ　中学生の１日分の献立の工夫 (3) 日常食の調理と地域の食文化 ア(ア) 用途に応じた食品の選択 (イ) 食品や調理用具等の安全と衛生に留意した管理 (ウ) 材料に適した加熱調理の仕方，基礎的な日常食の調理 (エ) 地域の食文化，地域の食材を用いた和食の調理 イ　日常の１食分のための食品の選択と調理計画及び調理の工夫 (4) 衣服の選択と手入れ ア(ア) 衣服と社会生活との関わり，目的に応じた着用や個性を生かす着用，衣服の選択 (イ) 衣服の計画的な活用，衣服の材料や状態に応じた日常着の手入れ イ　日常着の選択や手入れの工夫 (5) 生活を豊かにするための布を用いた製作 ア　製作する物に適した材料や縫い方，用具の安全な取扱い イ　生活を豊かにするための資源や環境に配慮した布を用いた物の製作計画及び製作の工夫 (6) 住居の機能と安全な住まい方 ア(ア) 家族の生活と住空間との関わり，住居の基本的な機能 (イ) 家族の安全を考えた住空間の整え方 イ　家族の安全を考えた住空間の整え方の工夫 (7) 衣食住の生活についての課題と実践 ア　食生活，衣生活，住生活についての課題と計画，実践，評価	(1) 中学生の食生活と栄養 ア　食事が果たす役割，健康によい食習慣 イ　栄養素の種類と働き，中学生の栄養の特徴 (2) 日常食の献立と食品の選び方 ア　食品の栄養的特質，中学生の１日に必要な食品の種類と概量 イ　中学生の１日分の献立 ウ　食品の選択 (3) 日常食の調理と地域の食文化 ア　基礎的な日常食の調理，食品や調理用具等の適切な管理 イ　地域の食材を生かした調理，地域の食文化 ウ　食生活についての課題と実践 **C　衣生活・住生活と自立** (1) 衣服の選択と手入れ ア　衣服と社会生活とのかかわり，目的に応じた着用や個性を生かす着用の工夫 イ　衣服の計画的な活用や選択 ウ　衣服の材料や状態に応じた日常着の手入れ (2) 住居の機能と住まい方 ア　住居の基本的な機能 イ　安全な室内環境の整え方，快適な住まい方の工夫 (3) 衣生活，住生活などの生活の工夫 ア　布を用いた物の製作，生活を豊かにするための工夫 イ　衣生活又は住生活についての課題と実践
C　消費生活・環境	**D　身近な消費生活と環境**
(1) 金銭の管理と購入 ア(ア) 購入方法や支払い方法の特徴，計画的な金銭管理 (イ) 売買契約の仕組み，消費者被害，物資・サービスの選択に必要な情報の収集・整理 イ　情報を活用した物資・サービスの購入の工夫 (2) 消費者の権利と責任 ア　消費者の基本的な権利と責任，消費生活が環境や社会に及ぼす影響 イ　自立した消費者としての消費行動の工夫 (3) 消費生活・環境についての課題と実践 ア　環境に配慮した消費生活についての課題と計画，実践，評価	(1) 家庭生活と消費 ア　消費者の基本的な権利と責任 イ　販売方法の特徴，物資・サービスの選択，購入及び活用 (2) 家庭生活と環境 ア　環境に配慮した消費生活の工夫と実践
※枠囲みは選択項目　３学年間で１以上を選択	※枠囲みは選択事項　３学年間で１又は２事項を選択

第2章　技術・家庭科の目標及び内容

第1節　技術・家庭科の目標

生活の営みに係る見方・考え方や技術の見方・考え方を働かせ，生活や技術に関する実践的・体験的な活動を通して，よりよい生活の実現や持続可能な社会の構築に向けて，生活を工夫し創造する資質・能力を次のとおり育成することを目指す。

(1) 生活と技術についての基礎的な理解を図るとともに，それらに係る技能を身に付けるようにする。

(2) 生活や社会の中から問題を見いだして課題を設定し，解決策を構想し，実践を評価・改善し，表現するなど，課題を解決する力を養う。

(3) よりよい生活の実現や持続可能な社会の構築に向けて，生活を工夫し創造しようとする実践的な態度を養う。

教科の目標は，中学校技術・家庭科の果たすべき役割やねらいについて総括して示したものである。

生活の営みに係る見方・考え方や技術の見方・考え方を働かせとは，資質・能力の育成に当たって，各分野の見方・考え方を働かせることが重要であることを示している。

生活や技術に関する実践的・体験的な活動を通してとは，生活や技術に関する，製作，制作，育成，調理等の実習や，観察・実験，見学，調査・研究などの実践的・体験的な活動を通して資質・能力を育成することが重要であることを示している。その際，生徒の発達の段階を踏まえるなど学習の適時性を考慮するとともに，技術分野，家庭分野それぞれの学習に適した学習過程を踏まえ，主体的・対話的で深い学びを展開することが重要である。

よりよい生活の実現や持続可能な社会の構築に向けて，生活を工夫し創造する資質・能力を次のとおり育成するとは，技術・家庭科の最終的な目標が，よりよい生活や持続可能な社会の構築の礎となる生活を工夫し創造する資質・能力の育成であり，この資質・能力は(1)から(3)に示す三つの柱で構成されていることを示している。

生活と技術についての基礎的な理解を図るとともに，それらに係る技能を身に付けるとは，生徒が自立して主体的な生活を営むために必要とされる技術分野，家庭分野それぞれの基礎的・基本的な知識と，それらに係る技能の習得の重要性を示したものである。**基礎的な理解**としているのは，個別の事実的な知識の習得だけではなく，社会における様々な場面で活用できる概念の理解を目指していることを示している。なお，今回の改訂に当たって育成すべき資質・能力を「知識及び技能」，「思考力，判断力，表現力等」，「学びに向かう力，人間性等」の三つの柱に沿って整理したことから，従前の教科目標に示されていた「基礎的・基本的な知識及び技術」の「技術」については，「技能」としている。

生活や社会の中から問題を見いだして課題を設定し，解決策を構想し，実践を評価・改善し，表現するなど，課題を解決する力を養うとは，生活や社会の中から問題を見いだし，解決する力を育成することをねらいとしていることを示している。変化の激しい社会に主体的に対応するためには，生活する上で直面する様々な問題の解決に向けて，知識及び技能を活用して解決方法を考えたり，自分なりの新しい方法を創造したりするなど，学んだことを実際の生活の中で生かすことができる力を育てることが重要であり，このような力は，生活や社会の中でどのような問題に直面しようとも自分なりの判断をして解決することができる力，すなわち問題解決能力にもつながるものである。

よりよい生活の実現や持続可能な社会の構築に向けて，生活を工夫し創造しようとする実践的な態度を養うとは，安心，安全で豊かな生活や，環境保全と利便性が両立した持続可能な社会の構築を目指し，将来にわたり生活を工夫したり創造したりしようとする実践的な態度を養うことをねらいとしていることを示している。さらに，自分や家族の生活の仕方や消費行動，技術の評価，適切な選択と管理・運用，新たな発想に基づく改良と応用などが，これからの社会を方向付けていくことを踏まえ，主体的に意思決定したり行動したりして社会に参画しようとする態度を育成することも重要である。

上記の目標を実現するためには，生徒自らが生活や技術に関心をもち，実践的・体験的な活動を通して習得した知識及び技能が，生活の自立につながるように活動を組み立てることが重要である。また，家庭や地域社会との連携を重視し，学校における学習と家庭や社会における実践との結び付きに留意して適切な題材を設定し，資質・能力の育成とともに，心豊かな人間性を育むことや発達の段階に応じた社会性の獲得，他者と関わる力の育成等にも配慮することが大切である。

さらに，従来の実践的・体験的な活動の内容を吟味し，仕事の楽しさや完成の喜びを味わわせるなど，充実感や成就感を実感させるとともに，学習内容と将来の職業の選択や生き方との関わりの理解にも触れるなど，生徒の実態に応じた内容や活動を準備し，自ら問題を見いだして課題を設定し解決を図る問題解決的な学習を一層充実させることが重要である。

第２節　技術分野の目標及び内容

1　技術分野の目標

技術の見方・考え方を働かせ，ものづくりなどの技術に関する実践的・体験的な活動を通して，技術によってよりよい生活や持続可能な社会を構築する資質・能力を次のとおり育成することを目指す。

(1) 生活や社会で利用されている材料，加工，生物育成，エネルギー変換及び情報の技術についての基礎的な理解を図るとともに，それらに係る技能を身に付け，技術と生活や社会，環境との関わりについて理解を深める。

(2) 生活や社会の中から技術に関わる問題を見いだして課題を設定し，解決策を構想し，製作図等に表現し，試作等を通じて具体化し，実践を評価・改善するなど，課題を解決する力を養う。

(3) よりよい生活の実現や持続可能な社会の構築に向けて，適切かつ誠実に技術を工夫し創造しようとする実践的な態度を養う。

技術は，その発達が社会の在り方を大きく変えてきた一方で，多くの人々の必要性により技術の発達が促されるといった社会と相互に影響し合う関係をもつ。そのため，技術が生活や社会，環境等に与える影響を評価し，適切に選択したり，管理・運用したりすることのできる力は，技術の発達をよりよい方向へと向けるために必要であり，今後ますます高度化，システム化される技術に支えられた社会を生きる国民に求められる力の一つである。

また，グローバル化の下，産業競争がますます激化する中で，我が国が科学技術創造立国として世界の産業をリードするためには，技術を活用して多様化する課題に創造的に取り組んだり，多様な技術を結び付けながら新たな価値を生み出したりすることのできる力も求められる。

このような状況を踏まえ技術分野では，先に示した技術の発達を主体的に支える力や技術革新を牽引する力の素地となる，技術を評価，選択，管理・運用，改良，応用することによって，よりよい生活や持続可能な社会を構築する資質・能力を育成することをねらいとしている。

このねらいを達成するためには，まず，これまで開発され生活や社会で利用されてきた技術について，その仕組みと関係する科学的な原理・法則を理解するとともに，それらに係る技能の習得を図ることが必要である。

その上で，生活や社会の中から技術に関わる問題を見いだして課題を設定し，解決策を構想して具体化したり，自らの問題解決を振り返ったりするといった技術による問題の解決を経験する。さらに，この経験を基に今後の社会の発展と技術の在り方について考えたりすることが大切である。このような技術の評価，選択，管理・運用，改良，応用に関する実践的・体験的な活動を通して，技術についての理解が深まるとともに，よりよい生活や持続可能な社会の構築に向けて，技術によって課題を解決する力と適切かつ誠実に技術を工夫し創造しようとする態度が育成されるのである。

例えば，材料の技術の場合，以下のような学習が考えられる。

まず，木材という材料は植物細胞が死骸化した多孔質な細胞組織となっており，この孔に含まれる空気が断熱性を高めていることや，プラスチックを木材と同様の多孔質の組織に変えることで，耐水性が高いというプラスチックの長所を残しつつ木材のような断熱性ももつ発泡プラスチックという新しい材料を作ることができることを理解させる。

その上で，生活を便利にするための製品を開発するといった問題の解決に取り組ませることで，様々な材料の中から製品を使用する状況に適した特性をもつものを選択したり，必要な特性をもたせるために既存の材料の組織を変えたりするなどの材料の技術についての知識を活用して課題を解決する力を育成する。

さらに，このような経験を基に，社会の発展に必要となる新たな材料について考えさせることで，問題解決における自らの工夫と，発泡プラスチックのような既存の技術，炭素原子を網目のように結び付け筒状の組織とすることで鋼以上に丈夫で弾性ももたせたカーボンナノチューブなどの新素材に込められた工夫の共通点が見いだされ，材料の技術の理解が深まるとともに，よりよい生活や持続可能な社会の構築に向けて，材料の技術を工夫し創造していこうとする態度の育成にもつながるのである。

技術の見方・考え方を働かせとは，技術分野では，技術の開発・利用の場面で用いられる「生活や社会における事象を，技術との関わりの視点で捉え，社会からの要求，安全性，環境負荷や経済性などに着目して技術を最適化すること」などの技術ならではの見方・考え方を働かせ学習することを示している。技術は単なる自然科学の応用ではなく，複数の側面から要求・条件を吟味し開発・利用が決定されるものである。このことを踏まえれば，例えば，どのような新しい価値を創造したり既存の価値に変革をもたらしたりすべきかといった社会からの技術に対する要求と，開発・利用時の安全性，自然環境に関する負荷，開発・利用に必要となる経済的負担等の相反する要求の折り合いを付け，最適な解決策を考えることが技術分野ならではの学びとなるのである。そして，この技術の見方・考え方は，技術分野の学びだからこそ鍛えられるという意味で技術分野を学ぶ本質的な意義の中核ということができる。さらに，今後遭遇する様々な技術に関する問題の解決場面においても働かせることができるという意味で技術分野の学びと社会をつなぐものともいえる。

ものづくりなどの技術に関する実践的・体験的な活動を通してとは，ものづくりなどの実習や観察・実験，調査等を通して学習するという技術分野の特徴を示している。技術分野では，社会の問題解決の過程になぞらえ，科学的な知識等を踏まえて設計・計画し，身体的な技能等を用いて製作・制作・育成を行うといった「ものづくり」が行われている。この活動では，知識及び技能や思考力，判断力，表現力等とともに，それらを複合的に活用して人間の願いを具体的な形として実現する資質・能力を育成することができる。また，知的財産を創造，保護及び活用しようとする態度や技術に関わる倫理観，他者と協働して粘り強く物事を前に進める態度，並びに勤労観や職業観などを育むことにもつながることから，特にここに示している。

技術によってよりよい生活や持続可能な社会を構築する資質・能力を次のとおり育成するとは，技術分野の最終的な目標が，技術によってよりよい生活や持続可能な社会を構築する資質・能力の育成であり，この資質・能力は(1)から(3)に示す三つの柱で構成されていることを示している。

生活や社会で利用されている材料，加工，生物育成，エネルギー変換及び情報の技術についての基礎的な理解を図るとともに，それらに係る技能を身に付け，技術と生活や社会，環境との関わりについて理解を深めるとは，技術分野として習得を目指す知識及び技能が，生活や社会で利用されている技術の仕組みと関係する科学的な原理・法則の基礎的な理解，技術を安全・適切に活用する技能，及び生活や社会，環境との関わりを踏まえた技術の概念の理解であることを示している。

これまで人間は，家庭における衣食住などの生活の営みや，社会における交通や通信，工業や農業等の産業などの様々な場面において，より便利にといった願いを実現するために様々な技術を開発してきたが，技術分野においては，それらを全て取り上げてはいない。技術分野では，生活や産業も含めた社会において利用されている技術を，関係する学問などの分類を基に材料，加工，生物育成，エネルギー変換，情報に整理し，それぞれの技術を評価し，適切な選択と管理・運用の在り方や，新たな発想に基づく改良と応用について考えるために共通に必要となる基礎的な仕組みとそれに関係する科学的な原理・法則等を取り上げることとしている。そして，これらは，今後開発される新たな技術について考える際にも活用されることが期待できるものである。

技術と生活や社会，環境との関わりについて理解を深めるとは，技術によってよりよい生活や持続可能な社会を構築するためには，技術と生活や社会，環境との関わりについて，より一層の理解を深めることが重要であることを示している。

科学技術の発展が，生活環境の向上や基盤の整備，運輸や食料生産の効率化，あらゆるもののネットワーク化や自動化等を促している反面，資源・エネルギーの浪費や自然環境の破壊，生命倫理や情報活用に関するモラルの低下といった問題を生じさせている実情もある。また，多くの人々が必要と感じることが，その技術の発達を促すということもある。このように，技術には光と影があり，技術と社会や環境は相互に影響することを理解することが，技術の影響を考慮した上で，技術を評価し，適切な選択と管理・運用の在り方や，新たな発想に基づく改良と応用について考えることができる力や技術を工夫し創造していこうとする態度の育成につながるのである。

生活や社会の中から技術に関わる問題を見いだして課題を設定し，解決策を構想し，製作図等に表現し，試作等を通じて具体化し，実践を評価・改善するなど，課題を解決する力を養うとは，技術分野として育成を目指す思考力，判断力，表現力等が，生活や社会の中から技術に関わる問題を見いだし，課題を設定して解決策を構想し，製作図や回路図，計画表等に表現して試行錯誤しながら具体化し，実践を評価・改善することのできる力であることを示している。

生活や社会の中から技術に関わる問題を見いだして課題を設定しとは，技術分野として解決を目指す問題の範囲が，身近な生活といったものだけでなく産業等も含めた社会にあることを示している。

よりよい生活の実現や持続可能な社会の構築に向けて，適切かつ誠実に技術を工夫し創造しようとする実践的な態度を養うとは，技術分野として育成を目指す学びに向かう力，人間性等が，安心，安全で便利な生活の実現や持続可能な社会の構築のために，主体的に技術に関わり，技術を工夫し創造しようとする実践的な態度であることを示している。

適切かつ誠実に技術を工夫し創造しようとするとは，便利な生活を送りたいといった特定の側面から見た個人的な願いの実現を目指そうとすることではなく，環境への負荷や安全性などの多様な側面で，作る場面，使う場面，廃棄する場面，万が一のトラブルの場面などを想定し，さらに，使い手だけでなく作り手の立場も意識してよりよい生活と持続可能な社会を構築するために技術を工夫し創造しようとすることを示しており，ここには，自己の技術への関わりが，技術の発展と将来の社会の在り方に影響することを踏まえ，真摯に技術と向き合う倫理観も含まれている。

2　技術分野の内容構成

技術分野は，生活や社会で利用されている主な技術について，「A材料と加工の技術」，「B生物育成の技術」，「Cエネルギー変換の技術」，「D情報の技術」の四つの内容に整理し学習することとしている。

また，技術分野で育成することを目指す資質・能力は，単に何かをつくるという活動ではなく，例えば，技術に関する原理や法則，基礎的な技術の仕組みを理解した上で，生活や社会の中から技術に関わる問題を見いだして課題を設定し，解決方策が最適なものとなるよう設計・計画し，製作・制作・育成を行い，その解決結果や解決過程を評価・改善し，さらにこれらの経験を基に，今後の社会における技術の在り方について考えるといった学習過程を経ることで効果的に育成できる。

なお，このような学習過程は，一方向に進むものではない。例えば，設計・計画の段階で，適切な課題の解決策が構想できないといった問題が生じた場合には，課題の設定の段階に戻り，新たな課題について検討することが必要となるなど，生徒の学習の状況に応じて，各段階間を往来するものである。また，この学習過程の中で，技術の概念や技術の役割と生活や社会，環境に与える影響を深く理解するとともに，知的財産を創造，保護及び活用しようとする態度や，技術に関わる倫理観，他者と協働して粘り強く物事を前に進める態度等を身に付けることも期待できる。

今回の改訂では，このような学習過程を想定し，各内容を「生活や社会を支える技術」，「技術による問題の解決」，「社会の発展と技術」の三つの要素で構成することとした。

「生活や社会を支える技術」は，生活や社会を支えている技術について調べる活動などを通して，技術に関する科学的な原理・法則と，技術の基礎的な仕組みを理解させるとともに，これらを踏まえて，技術が生活や社会における問題を解決するために，社会からの要求，安全性，環境負荷や経済性などの視点の長所・短所の折り合いを付けて生み出されてきているといった技術の見方・考え方に気付かせる要素であり，各内容における(1)の項目として示した。

「技術による問題の解決」は，「生活や社会を支える技術」で気付いた技術の見方・考え方を働かせ，生活や社会における技術に関わる問題を解決することで，理解の深化や技能の習熟を図るとともに，技術によって課題を解決する力や自分なりの新しい考え方や捉え方によって解決策を構想しようとする態度などを育成する要素であり，各内容における(2)及び内容の「D情報の技術」の(3)の項目として示した。

「社会の発展と技術」は，それまでの学びを基に，技術についての概念の理解を深めるとともに，よりよい生活や持続可能な社会の構築に向けて，技術を評価し，適切に選択，管理・運用したり，新たな発想に基づいて改良，応用したりする力と，社会の発展に向けて技術を工夫し創造しようとする態度を育成する要素であり，内容の「A材料と加工の技術」，「B生物育成の技術」，「Cエネルギー変換の技術」の(3)及び内容の「D情報の技術」の(4)の項目として示した。

また，各項目では，アに「知識及び技能」に関する指導事項を，イに「思考力，判断力，表現力等」に関する指導事項を示している。

学習過程と，各内容の三つの要素及び項目の関係は以下のように整理できる。

■技術分野の学習過程と，各内容の三つの要素及び項目の関係

学習過程	既存の技術の理解	課題の設定	→過程の評価と修正←	技術に関する科学的な理解に基づいた設計・計画	→過程の評価と修正←	課題解決に向けた製作・制作・育成	→過程の評価と修正←	成果の評価	次の問題の解決の視点
	・技術に関する原理や法則，基礎的な技術の仕組みを理解するとともに，技術の見方・考え方に気付く。	・生活や社会の中から技術に関わる問題を見いだし，それに関する調査等に基づき，現状をさらに良くしたり，新しいものを生み出したりするために解決すべき課題を設定する。		・課題の解決策を条件を踏まえて構想（設計・計画）し，試行・試作等を通じて解決策を具体化する。		・解決活動（製作・制作・育成）を行う。		・解決結果及び解決過程を評価し，改善・修正する。	・技術についての概念の理解を深め，よりよい生活や持続可能な社会の構築に向けて，技術を評価し，選択，管理・運用、改良，応用について考える。

	要素	生活や社会を支える技術	技術による問題の解決	社会の発展と技術
内容	A材料と加工の技術	(1) 生活や社会を支える材料と加工の技術	(2) 材料と加工の技術による問題の解決	(3) 社会の発展と材料と加工の技術
	B生物育成の技術	(1) 生活や社会を支える生物育成の技術	(2) 生物育成の技術による問題の解決	(3) 社会の発展と生物育成の技術
	Cエネルギー変換の技術	(1) 生活や社会を支えるエネルギー変換の技術	(2) エネルギー変換の技術による問題の解決	(3) 社会の発展とエネルギー変換の技術
	D情報の技術	(1) 生活や社会を支える情報の技術	(2) ネットワークを利用した双方向性のあるコンテンツ関するプログラミングによる問題の解決 (3) 計測・制御に関するプログラミングによる問題の解決	(4) 社会の発展と情報の技術

なお，四つの内容の履修に関しては，特に以下の項目を規定として示した。

（内容の取扱い）

> (5) 各内容における(1)については，次のとおり取り扱うものとする。
> ウ　第1学年の最初に扱う内容では，3学年間の技術分野の学習の見通しを立てさせるために，内容の「A材料と加工の技術」から「D情報の技術」までに示す技術について触れること。

これは，第1学年の最初で「生活や社会を支える技術」を指導する場合は，3学年間の技術分野の学習の中でどのような技術について学ぶのかという学習の見通しを立てさせるとともに，生活や社会を支えている様々な技術について関心をもたせるために，全ての技術の内容について触れるようにすることを示している。

（内容の取扱い）

(6) 各内容における(2)及び内容の「D情報の技術」の(3)については，次のとおり取り扱うものとする。 ウ　第３学年で取り上げる内容では，これまでの学習を踏まえた統合的な問題について扱うこと。

これは，現代社会で活用されている多くの技術が，システム化されている実態に対応するために，第３学年で扱う「技術による問題の解決」では，これまでの学習を踏まえた統合的な問題について取り扱うようにすることを示している。

このような規定も踏まえて，各内容における「技術による問題の解決」において生徒が見いだし解決する問題は，生徒が解決できたという満足感・成就感を味わい，次の学びへと主体的に取り組む態度を育むよう，既存の技術を評価，選択，管理・運用することで解決できる問題から，改良，応用しなければ解決できない問題へと，解決に必要となる資質・能力の発達の視点から３学年間を見通して計画的に設定するなど，各内容の履修の順序や配当する授業時数，及び具体的な指導内容などについては，各学校において適切に定めることが大切である。

3　技術分野の内容

A　材料と加工の技術

ここでは材料と加工の技術の見方・考え方を働かせた実践的・体験的な活動を通して，生活や社会で利用されている材料と加工の技術についての基礎的な理解を図り，それらに係る技能を身に付け，材料と加工の技術と生活や社会，環境との関わりについて理解を深めるとともに，生活や社会の中から材料と加工の技術に関わる問題を見いだして課題を設定し解決する力，よりよい生活や持続可能な社会の構築に向けて，適切かつ誠実に材料と加工の技術を工夫し創造しようとする実践的な態度を育成することをねらいとしている。

なお，材料と加工の「技術の見方・考え方」としては，生活や社会における事象を，材料と加工の技術との関わりの視点で捉え，社会からの要求，生産から使用・廃棄までの安全性，耐久性，機能性，生産効率，環境への負荷，資源の有限性，経済性などに着目し，材料の組織，成分，特性や，組み合わせる材料の構造，加工の特性等にも配慮し，材料の製造方法や，必要な形状・寸法への成形方法等を最適化することなどが考えられる。また，ここでの社会からの要求としては，例えば，自然災害から身を守り，快適な生活環境を維持したいという人々の願いなどが考えられる。

この内容及び(1)から(3)の項目に配当する授業時数と履修学年については，生徒の発達の段階や興味・関心，学校や地域の実態，他教科等との関連を考慮し分野目標の実現を目指した３学年間にわたる全体的な指導計画に基づき各学校で適切に定めるようにする。

また，例えば，(1)において，学習した事項が他の材料にも転用できるという視点で取り上げる材料を選択したり，(2)において履修する学年に応じて問題を見いだす範囲を限定したりするなど，授業時数と履修学年に応じて設定した目標とする資質・能力を踏まえて，各項目における具体的な指導内容を検討することにも配慮する。

これらの内容を指導するに当たっては，技術の発達を主体的に支え，技術革新を牽引することができる資質・能力を育成する観点から，自分なりに工夫して製作品を設計・製作する喜びを体験させるとともに，材料と加工の技術の進展が，社会を大きく変化させてきた状況や，材料の再資源化や廃棄物の発生抑制など，材料と加工の技術が自然環境の保全に大きく貢献していることについても触れ，これらに関連した職業や，新たな技術の開発についての理解を深めさせることにも配慮する。

また，生徒に生活や社会と技術とのつながりを意識させるとともに，常に変化を続ける技術についての学習を充実するために，試験研究機関や民間企業，博物館や科学技術館，工業科を設置する高等学校等との連携についても配慮する。

(1) 生活や社会を支える材料と加工の技術について調べる活動などを通して，次の事項を身に付けることができるよう指導する。
ア　材料や加工の特性等の原理・法則と，材料の製造・加工方法等の基礎的な技術の仕組みについて理解すること。
イ　技術に込められた問題解決の工夫について考えること。

（内容の取扱い）

(1) 内容の「A材料と加工の技術」については，次のとおり取り扱うものとする。
ア　(1)については，我が国の伝統的な技術についても扱い，緻密なものづくりの技などが我が国の伝統や文化を支えてきたことに気付かせること。
(5) 各内容における(1)については，次のとおり取り扱うものとする。
ア　アで取り上げる原理や法則に関しては，関係する教科との連携を図ること。
イ　イでは，社会からの要求，安全性，環境負荷や経済性などに着目し，技術が最適化されてきたことに気付かせること。

ここでは，家具や食器などの身の回りの製品，家屋，高層建築物，橋梁などの構造物に用いられている材料と加工の技術や，日本の伝統的な材料と加工の技術の仕組み，開発の経緯や意図を調べる活動などを通して，主な材料や加工についての科学的な原理・法則と，材料の製造方法や成形方法などの基礎的な技術の仕組みを理解させるとともに，材料と加工の技術の見方・考え方に気付かせることをねらいとしている。また，こうした活動を通して，進んで材料と加工の技術と関わり，主体的に理解し，技能を身に付けようとする態度の育成を図ることが考えられる。

ア　材料や加工の特性等の原理・法則と，材料の製造・加工方法等の基礎的な技術の仕組みについて理解することでは，材料の組織や成分，圧縮，引張，曲げ等に対する力学的な性質といった材料の特性や，組み合わせる部材の厚さ，幅，断面形状と，四角形や三角形，面等の組み合わせる部材の構造，切削，切断，塑性加工，加熱といった加工の特性等の材料や加工についての原理・法則と材料の組織を改良する方法や，断面形状や部材の構造を含めた材料を成形する方法，切断や切削等の加工の方法，表面処理の方法等の基礎的な材料と加工の技術の仕組みを理解することができるようにする。

イ　技術に込められた問題解決の工夫について考えることでは，取り上げた技術が，どのような条件の下で，どのように生活や社会における問題を解決しているのかを読み取ることで，材料の製造方法や成形方法等の技術が，社会からの要求，生産から使用・廃棄までの安全性，耐久性や機能性，生産効率，環境への負荷，資源の有限性，経済性などに着目し，材料の組織，成分，特性や，組み合わせる部材の構造，加工の特性等にも配慮して，最適化されてきたことに気付かせることができるようにする。

この学習では，例えば，日本古来の材料製造技術や建築技術，製紙技術，陶器類の製造技術など，古くから建築物や日用品などに利用されてきた我が国の伝統的な技術についても取り上げ，緻密なものづくりの技が，我が国の伝統や，木の文化・和の文化を支えてきたことに気付かせるようにする。

なお，原理・法則の指導に当たっては，理科における植物の体のつくりと働きや原子・分子等の物質の成り立ちなど，関係する指導内容を確認した上で，連携が図れるよう配慮する。

学習活動としては，例えば，机などの家具や，アルミ缶・ペットボトルなどの飲料用容器，衣料などの身の回りの製品に利用されている材料の製造技術や加工技術，世界最古の木造建築である法隆寺などの建築技術やたたら製鉄といった日本古来の製鉄技術，現代の住宅や高層建築物における耐震・制震・免震構造や防災の技術について，それが用いられた製品を観察したり，開発の経緯などを調べたりすることを通して，製品や構造物の目的に合わせて材料を改良したり，材料の形状や材料同士の構造の組み合わせを変えたりするなどの，開発者が設計に込めた意図を読み取らせることが考えられる。

(2) 生活や社会における問題を，材料と加工の技術によって解決する活動を通して，次の事項を身に付けることができるよう指導する。
ア　製作に必要な図をかき，安全・適切な製作や検査・点検等ができること。
イ　問題を見いだして課題を設定し，材料の選択や成形の方法等を構想して設計を具体化するとともに，製作の過程や結果の評価，改善及び修正について考えること。

（内容の取扱い）

(1) 内容の「Ａ材料と加工の技術」については，次のとおり取り扱うものとする。
イ　(2)の製作に必要な図については，主として等角図及び第三角法による図法を扱うこと。

(6) 各内容における(2)及び内容の「D情報の技術」の(3)については，次のとおり取り扱うものとする。

ア イでは，各内容の(1)のイで気付かせた見方・考え方により問題を見いだして課題を設定し，自分なりの解決策を構想させること。

イ 知的財産を創造，保護及び活用しようとする態度，技術に関わる倫理観，並びに他者と協働して粘り強く物事を前に進める態度を養うことを目指すこと。

エ 製作・制作・育成場面で使用する工具・機器や材料等については，図画工作科等の学習経験を踏まえるとともに，安全や健康に十分に配慮して選択すること。

ここでは，生活や社会の中から見いだした問題を材料と加工の技術によって解決する活動を通して，材料と加工の技術の見方・考え方を働かせて，問題を見いだして課題を設定し解決する力を育成するとともに，製作に必要な図をかき，安全・適切な製作や検査・点検等ができるようにすることをねらいとしている。また，こうした活動を通して，自分なりの新しい考え方や捉え方によって，解決策を構想しようとする態度や，自らの問題解決とその過程を振り返り，よりよいものとなるよう改善・修正しようとする態度の育成を図ることが考えられる。

ア 製作に必要な図をかき，安全・適切な製作や検査・点検等ができることでは，適切な図法を用いて，製作に必要な図をかくことができるようにするとともに，設定した課題を解決するために，工具や機器を使用して，安全・適切に材料取り，部品加工，組立て・接合，仕上げや，検査等ができるようにする。

その際，材料の種類や個数，工具や機器及び製作順序などをあらかじめ整理し，材料表や製作工程表を用いるなど，作業計画に基づいた能率的な作業ができるよう指導する。

また，構想の表示方法については，現在，社会で主に利用されている図法の中で，ＣＡＤによる表示といった発展性にも配慮し，等角図及び第三角法を取り上げることとする。この指導に当たっては，算数科，数学科，図画工作科，美術科等の教科における様々な立体物の表示・表現方法との関連に配慮する。

イ 問題を見いだして課題を設定し，材料の選択や成形の方法を構想して設計を具体化するとともに，製作の過程や結果の評価，改善及び修正について考えることでは，生活や社会の中から材料の製造や成形などに関わる問題を見いだして課題を設定する力，課題の解決策を，条件を踏まえて構想し，製作図等に表す力，試作等を通じて解決策を具体化する力，設計に基づく合理的な解決作業について考える力，課題の解決結果や解決過程を評価，改善及び修正する力などの，(1)

のイで気付かせた材料と加工の技術の見方・考え方を働かせて，問題を見いだして課題を設定し解決する力を育成する。

この学習では，課題の設定や材料の成形等に関する生徒の新しい発想を認めるとともに，その発想が他の場面にも利用できるよう考えさせることで知的財産を生み出し活用することの価値に気付かせる。また，(1)での学習との対比から，生活や社会で利用されている材料と加工の技術に込められた工夫や創造性及びそれに関わる知的財産のすばらしさと，それらがどのように普及してきたかを改めて振り返らせ，知的財産を保護し，活用を図ることが新たな知的財産の創造につながることに気付かせるなど，知的財産を創造，保護及び活用しようとする態度の育成を目指すようにする。

さらに，再資源化を前提として材料及び加工法を選択させたり，使用者の安全や耐久性などに配慮して設計・製作させたりするとともに，他者と協力して作業に取り組ませ，その成果をお互いに認め合うようにさせたりするなど，材料と加工に関する技術に関わる倫理観や，他者と協働して粘り強く物事を前に進める態度の育成にも努めるようにする。

ここで使用する工具・機器や材料等については，図画工作科等の学習経験や生活場面での使用経験などの生徒の実態を踏まえ，安全や健康に十分に配慮して選択するとともに，工具・機器については，使用前の点検・調整や使用後の手入れが大切であることについて指導する。

特に，刃物などの工具や機器については，使い方を誤った場合には身体を傷つける恐れがあることから，安全な加工法の指導に加えて，不用意に持ち歩かないことなど，刃物の正しい取扱い方ができるよう十分に配慮する。

加工機器を用いて作業させる場合には，材料の固定の方法，始動時及び運転中の注意事項などを確認させるとともに，ジグなどを使用して，安全な使い方ができるよう指導する。

さらに，皮膚を露出しない作業着などを着用させたり，作業内容に応じて防護眼鏡，防塵（じん）マスク，手袋などの適切な保護具を着けさせたりする。また，必要に応じて機器に集塵（じん）機を取り付けるなど，衛生にも配慮する。

学習活動としては，例えば，家庭生活や学校生活における材料に関わる身近な不便さについて考えたり，既存の製品の改善の余地を考えたり，自然環境の保全や防災などに関わる社会的な問題について考えたりして，利便性，環境負荷，安全性などに関する問題を見いだし，必要となる機能をもった製品の設計・製作や既存の製品の強度の向上などの課題を設定し，その解決に取り組ませることが考えられる。

なお，課題の解決策を構想する際には，自分の考えを整理し，実際の材料取りや部品加工等を行う前に設計の問題点を明らかにするとともに，よりよい発想を生み出せるよう，製作図等を適切に用いることについて指導する。

また，課題の解決策を具体化する際には，３ＤＣＡＤや３Ｄプリンタを活用して試作させることも考えられる。

(3) これからの社会の発展と材料と加工の技術の在り方を考える活動などを通して，次の事項を身に付けることができるよう指導する。
ア　生活や社会，環境との関わりを踏まえて，技術の概念を理解すること。
イ　技術を評価し，適切な選択と管理・運用の在り方や，新たな発想に基づく改良と応用について考えること。

（内容の取扱い）

(7) 内容の「Ａ材料と加工の技術」，「Ｂ生物育成の技術」，「Ｃエネルギー変換の技術」の(3)及び内容の「Ｄ情報の技術」の(4)については，技術が生活の向上や産業の継承と発展，資源やエネルギーの有効利用，自然環境の保全等に貢献していることについても扱うものとする。

ここでは，(1)における材料と加工の技術の見方・考え方の気付きや，(2)における材料と加工の技術による問題の解決の学習を踏まえ，社会の発展のための材料と加工の技術の在り方や将来展望を考える活動などを通して，生活や社会に果たす役割や影響に基づいて材料と加工の技術の概念を理解させるとともに，よりよい生活や持続可能な社会の構築に向けて，材料と加工の技術を評価し，適切に選択，管理・運用したり，新たな発想に基づいて改良，応用したりする力を育成することをねらいとしている。また，こうした活動を通して，材料と加工の技術を工夫し創造していこうとする態度の育成を図ることが考えられる。

ア　生活や社会，環境との関わりを踏まえて，技術の概念を理解することでは，技術には光と影があることや，技術と社会や環境とは相互に影響し合う関係にあることを踏まえ，材料と加工の技術とは，人間の願いを実現するために，材料の組織，成分，特性や，組み合わせる材料の構造，加工の特性等の自然的な制約や，人々の価値観や嗜好（しこう）の傾向などの社会的な制約の下で，開発時，利用時，廃棄時及び障害発生時等を想定し，安全性や社会・産業に対する影響，環境に対する負荷，必要となる経済的負担などの折り合いを付け，その効果が最も目的に合致したものとなるよう材料の製造方法や，必要な形状・寸法への成形方法等を考案，改善する過程とその成果であることを理解させるようにする。

イ　技術を評価し，適切な選択と管理・運用の在り方や，新たな発想に基づく改良と応用について考えることでは，よりよい生活や持続可能な社会の構築を目指して，既存の材料と加工の技術を，安全性や社会・産業における役割，環境に対する負荷，経済性などの多様な視点で客観的に評価し，適切な選択，管理・運用の在り方を考えたり，新たな改良，応用を発想したりする力を育成する。

この学習では，長い年月をかけて改良・工夫されてきた伝統的な技術や新しい材料の製造技術や成形技術によって作り出された製品が，居住空間の快適性，交通・運輸の効率性，その他の製品を製造するための生産性の向上などに寄与していること，材料の成分や組織を改良する技術や新しい成形技術が再資源化を推進していることなど，材料と加工の技術が生活の向上や産業の創造，継承と発展，資源やエネルギーの有効利用，自然環境の保全等に貢献していることについても指導する。

学習活動としては，例えば，(2)の学習活動を振り返らせ，自らの問題解決の工夫を材料と加工の技術の見方・考え方に照らして捉えさせ，それらと(1)で取り上げた既存の技術に込められた工夫との共通点を見いださせることで，材料と加工の技術の概念の理解を深める活動が考えられる。

その上で，新素材や新たな加工技術が用いられた製品を，生活における必要性，価格，製造・使用・廃棄の各場面における環境に対する負荷，耐久性等の視点から調査したり，木材などの再生産可能な材料の利用を増やすことが社会や環境に与える影響について検討したりするなど，研究開発が進められている新しい材料と加工の技術の優れた点や問題点を整理し，よりよい生活や持続可能な社会の構築という観点から，適切な選択，管理・運用の在り方について話し合わせ，利用者と開発者の両方の立場から技術の将来展望について意思決定させて発表させたり，提言をまとめさせたりする活動が考えられる。

B　生物育成の技術

ここでは生物育成の技術の見方・考え方を働かせた実践的・体験的な活動を通して，生活や社会で利用されている生物育成の技術についての基礎的な理解を図り，それらに係る技能を身に付け，生物育成の技術と生活や社会，環境との関わりについて理解を深めるとともに，生活や社会の中から生物育成の技術に関わる問題を見いだして課題を設定し解決する力，よりよい生活や持続可能な社会の構築に向けて，適切かつ誠実に生物育成の技術を工夫し創造しようとする実践的な態度を育成することをねらいとしている。

なお，生物育成の「技術の見方・考え方」としては，生活や社会における事象を，生物育成の技術との関わりの視点で捉え，社会からの要求，作物等を育成・消費する際の安全性，生産の仕組み，品質・収量等の効率，環境への負荷，経済性，生命倫理などに着目し，育成する生物の成長，働き，生態の特性等にも配慮し，育成環境の調節方法等を最適化することなどが考えられる。また，ここでの社会からの要求としては，例えば，安定した食生活を送るために自然環境の影響を受けずに作物を栽培したいという人々の願いなどが考えられる。

この内容及び(1)から(3)の項目に配当する授業時数と履修学年については，生徒の発達の段階や興味・関心，学校や地域の実態，他教科等との関連を考慮し，分野目標の実現を目指した3学年間にわたる全体的な指導計画に基づき各学校で適切に定めるようにする。

また，例えば，(2)において，既存の育成環境を調節する方法を選択することで解決できる課題に取り組ませたり，(3)において，既存の技術の管理・運用について考えさせたりするなど，学校における施設・設備や授業時数及び履修学年に応じて設定した目標とする資質・能力を踏まえて，各項目における具体的な指導内容等を検討することにも配慮する。

これらの内容を指導するに当たっては，技術の発達を主体的に支え，技術革新を牽引することができる資質・能力を育成する観点から，自分なりに工夫して生物を育成する喜びを体験させるとともに，生物育成の技術は，食料，バイオエタノールなどの燃料，木材などの材料の生産や，花壇や緑地等の生活環境の整備など，多くの役割をもっており，この技術の進展が社会を大きく変化させてきた状況や，生物育成の技術が自然環境の保全に大きく貢献していることについても触れ，これらに関連した職業や，新たな技術の開発についての理解を深めさせることにも配慮する。

また，生徒に生活や社会と技術とのつながりを意識させるとともに，常に変化を続ける技術についての学習を充実するために，試験研究機関や民間企業，農業科や水産科を設置する高等学校等との連携についても配慮する。

(1) 生活や社会を支える生物育成の技術について調べる活動などを通して，次の事項を身に付けることができるよう指導する。
ア　育成する生物の成長，生態の特性等の原理・法則と，育成環境の調節方法等の基礎的な技術の仕組みについて理解すること。
イ　技術に込められた問題解決の工夫について考えること。

（内容の取扱い）

(2) 内容の「B生物育成の技術」については，次のとおり取り扱うものとする。
ア　(1)については，作物の栽培，動物の飼育及び水産生物の栽培のいずれも扱うこと。
(5) 各内容における(1)については，次のとおり取り扱うものとする。
ア　アで取り上げる原理や法則に関しては，関係する教科との連携を図ること。
イ　イでは，社会からの要求，安全性，環境負荷や経済性などに着目し，技術が最適化されてきたことに気付かせること。

ここでは，家庭菜園で用いられる伝統的な技術や，産業で用いられる大規模な単作生産，植物工場，畜産や酪農，林産，養殖といった農林水産業や海洋産業に用いられている生物育成の技術の仕組み，開発の経緯や意図を調べる活動などを通して，作物，動物及び水産生物の成長，生態についての科学的な原理・法則と，生物の育成環境を調節する方法などの基礎的な技術の仕組みを理解させるとともに，生物育成の技術の見方・考え方に気付かせることをねらいとしている。また，こうした活動を通して，進んで生物育成の技術と関わり，主体的に理解し，技能を身に付けようとする態度の育成を図ることが考えられる。

ア　育成する生物の成長，生態の特性等の原理・法則と，育成環境の調節方法等の基礎的な技術の仕組みについて理解することでは，生物が成長する仕組み，生物の分類・育種，及び生理・生態の特性等の生物育成についての原理・法則と，光，土壌や培地，気温や水温，湿度，肥料や養液，衛生といった育成環境を調節する方法などの，作物，動物及び水産生物の育成に共通する基礎的な生物育成の技術の仕組みを理解することができるようにする。

イ　技術に込められた問題解決の工夫について考えることでは，取り上げた技術が，どのような条件の下で，どのように生活や社会における問題を解決しているのかを読み取ることで，生物の育成環境を調節する方法等の技術が，社会からの要求，作物等を育成・消費する際の安全性，生産の仕組み，品質・収量等の効率，環境への負荷，経済性，生命倫理等に着目し，育成する生物の成長，働き，生態の特性等にも配慮して，最適化されてきたことに気付かせることができるようにする。

この学習では，生活や社会で利用されている様々な生物育成の技術について，その役割を広く理解させるため，作物の栽培，動物の飼育及び水産生物の栽培のいずれも扱い，共通する基礎的な技術の仕組みを理解させるよう配慮する。

なお，原理・法則の指導に当たっては，小学校理科における季節と生物，植物の発芽，成長，結実，生物と環境，及び中学校理科における植物の体のつくりと働き，動物の体のつくりと働きなど，関係する指導内容を確認した上で，連携が図れるよう配慮する。

学習活動としては，例えば，野生生物と育成生物の品種，生態，体の姿・形を比較したり，有機質肥料と化成肥料の働きや効果を比較したりすることや，季節を問わず販売される野菜や肉，魚などの生産過程で用いられている育成環境の調節方法を調べたりすることが考えられる。

この活動の中で，作物の栽培では，気象的要素，土壌的要素，生物的要素，栽培する作物の特性と生育の規則性等について考慮する必要があることや，種まき，定植や収穫等の作物の管理作業，温度や光，水や肥料等の育成環境を調節する技術があることを理解させる。

動物の飼育では，飼育する動物の性質や習性，食性，生理や発育の状況などについて考慮する必要があることや，目的に応じた最適な飼料の選択や給餌，給水，糞尿の処理等の管理作業，気温や採光，換気等の育成環境を調節する技術があることを理解させる。

水産生物の栽培では，栽培する魚介類及び藻類の性質や習性，食性，生理や発育の状況などについて考慮する必要があることや，種苗の採苗や育成，最適な飼料の選択や給餌，放流等の管理作業，光や水温，水質等の育成環境を調節する技術があることを理解させる。

その上で，食料の安定供給，安全性，品質・収量等の確保といった目的に合わせて，育成環境の調節方法を変えるなどの，生産者や開発者が計画等に込めた意図を読み取らせることが考えられる。

(2) 生活や社会における問題を，生物育成の技術によって解決する活動を通して，次の事項を身に付けることができるよう指導する。
ア　安全・適切な栽培又は飼育，検査等ができること。
イ　問題を見いだして課題を設定し，育成環境の調節方法を構想して育成計画を立てるとともに，栽培又は飼育の過程や結果の評価，改善及び修正について考えること。

（内容の取扱い）

(2) 内容の「B生物育成の技術」については，次のとおり取り扱うものとする。

イ (2)については，地域固有の生態系に影響を及ぼすことのないよう留意するとともに，薬品を使用する場合には，使用上の基準及び注意事項を遵守させること。

(6) 各内容における(2)及び内容の「D情報の技術」の(3)については，次のとおり取り扱うものとする。

ア イでは，各内容の(1)のイで気付かせた見方・考え方により問題を見いだして課題を設定し，自分なりの解決策を構想させること。

イ 知的財産を創造，保護及び活用しようとする態度，技術に関わる倫理観，並びに他者と協働して粘り強く物事を前に進める態度を養うことを目指すこと。

エ 製作・制作・育成場面で使用する工具・機器や材料等については，図画工作科等の学習経験を踏まえるとともに，安全や健康に十分に配慮して選択すること。

ここでは，生活や社会の中から見いだした問題を生物育成の技術によって解決する活動を通して，生物育成の技術の見方・考え方を働かせて，問題を見いだして課題を設定し解決する力を育成するとともに，安全・適切な栽培又は飼育，検査等ができるようにすることをねらいとしている。また，こうした活動を通して，自分なりの新しい考え方や捉え方によって，解決策を構想しようとする態度や，自らの問題解決とその過程を振り返り，よりよいものとなるよう改善・修正しようとする態度の育成を図ることが考えられる。

ア　安全・適切な栽培又は飼育，検査等ができることでは，設定した課題を解決するために，資材や用具，設備を利用して，安全・適切に，生物の成長段階に応じた管理作業や病気や害虫等の防除，生物の生育状況や品質の検査等ができるようにする。

イ　問題を見いだして課題を設定し，育成環境の調節方法を構想して育成計画を立てるとともに，栽培又は飼育の過程や結果の評価，改善及び修正について考えることでは，生活や社会の中から生物の育成環境の調節等に関わる問題を見いだして課題を設定する力，課題の解決策を，条件を踏まえて構想し，作業計画表等に表す力，試行等を通じて解決策を具体化する力，計画に基づく合理的な解決作業について考える力，課題の解決結果や解決過程を評価，改善及び修正する力などの，(1)のイで気付かせた生物育成の技術の見方・考え方を働かせて，問題を見いだして課題を設定し解決する力を育成する。

この学習では，課題の設定や育成環境の調節等に関する生徒の新しい発想を認めるとともに，その発想が他の場面にも利用できるよう考えさせることで知的財産を生み出し活用することの価値に気付かせる。また，(1)での学習との対比から，生活や社会で利用されている生物育成の技術に込められた工夫や創造性及びそれに関わる知的財産のすばらしさと，それらがどのように普及してきたかを改めて振り返らせ，知的財産を保護し，活用を図ることが新たな知的財産の創造につながることに気付かせるなど，知的財産を創造，保護及び活用しようとする態度の育成を目指すようにする。

また，環境負荷の低減を条件として育成環境の調節方法を選択させたり，消費する際の安全に配慮して計画・育成させたりするとともに，他者と協力して作業に取り組ませ，その成果をお互いに認め合うようにさせたりするなど，生物育成の技術に関わる倫理観や，他者と協働して粘り強く物事を前に進める態度の育成にも努めるようにする。

この学習において，固有の動植物など，地域に既存の生態系に影響を及ぼす可能性のある外来の生物等を取り扱う場合には，実習中のみならず，学習後の取り扱いについても十分配慮する。

ここで使用する資材，用具，設備等については，小学校での学習経験や生活場面での使用経験などの生徒の実態を踏まえ，安全や健康に十分に配慮して選択するとともに，用具などについては，使用前の点検・調整や使用後の手入れが大切であることについて指導する。

特に，薬品などを使用する場合には，取扱説明書等を参照し，使用上の基準及び注意事項を遵守させる。

また，作業内容に応じて防護眼鏡やマスク，帽子，手袋などを着用させ，作業後のうがいや手洗いを実施するなど，安全や衛生の管理を徹底する。

学習活動としては，例えば，作物の栽培では，家庭生活や学校生活における環境の整備について考えたり，現在の栽培の改善の余地を考えたり，健康や食料生産，自然環境の保全等に関わる問題について考えたりして，利便性，環境負荷，安全性などに関する問題を見いだし，花卉(かき)の開花時期の調節や，野菜の収穫時期の調節と品質・収量の向上，地球温暖化を防止するための作物の選択と利用といった課題を設定し，その解決に取り組ませることが考えられる。

また，動物の飼育や水産生物の栽培では，食料生産や品質管理，環境負荷などに関わる問題について考え，家畜の出荷時期に合わせるための飼育や，魚類の品質や付加価値を高めるための栽培といった課題を設定し，その解決に取り組ませることが考えられる。

なお，課題については，育成環境の調節方法を構想し栽培又は飼育によって解決できるものを設定する。

また，課題の解決策を構想する際には，自分の考えを整理し，実際の管理作業等を行う前に計画の問題点を明らかにするとともに，よりよい発想を生み出せるよう，計画表等を適切に用いることについて指導する。

育成計画の具体化に当たり，栽培又は飼育する生物を選択するに際しては，目的に応じて種類を検討するとともに，育成する場所や時期も踏まえるよう配慮する。

動物の飼育又は魚介類や藻類などの栽培を選択した場合，適当な飼育環境や栽培環境がないときには，関連する地域機関・施設などとの連携を図り，実習や観察などを実施することも考えられる。

(3) これからの社会の発展と生物育成の技術の在り方を考える活動などを通して，次の事項を身に付けることができるよう指導する。
ア　生活や社会，環境との関わりを踏まえて，技術の概念を理解すること。
イ　技術を評価し，適切な選択と管理・運用の在り方や，新たな発想に基づく改良と応用について考えること。

（内容の取扱い）

(7) 内容の「Ａ材料と加工の技術」，「Ｂ生物育成の技術」，「Ｃエネルギー変換の技術」の(3)及び内容の「Ｄ情報の技術」の(4)については，技術が生活の向上や産業の継承と発展，資源やエネルギーの有効利用，自然環境の保全等に貢献していることについても扱うものとする。

ここでは，(1)における生物育成の技術の見方・考え方の気付きや，(2)における生物育成の技術による問題の解決の学習を踏まえ，社会の発展のための生物育成の技術の在り方や将来展望を考える活動などを通して，生活や社会に果たす役割や影響に基づいて生物育成の技術の概念を理解させるとともに，よりよい生活や持続可能な社会の構築に向けて，生物育成の技術を評価し，適切に選択，管理・運用したり，新たな発想に基づいて改良，応用したりする力を育成することをねらいとしている。また，こうした活動を通して，生物育成の技術を工夫し創造していこうとする態度の育成を図ることが考えられる。

ア　生活や社会，環境との関わりを踏まえて，技術の概念を理解することでは，技術には光と影があることや，技術と社会や環境とは相互に影響し合う関係にあることを踏まえ，生物育成の技術とは，人間の願いを実現するために，育成する生物の成長，働き，生態の特性等の自然的な制約や，人々の価値観や嗜好(しこう)の傾向などの社会的な制約の下で，開発時，利用時，廃棄時及び障害発生時等を想定し，安全性や社会・産業に対する影響，環境に対する負荷，必要となる経済的負担などの折り合いを付け，その効果が最も目的に合致したものとなるよう育成環境の調節方法等を考案,改善する過程とその成果であることを理解させるようにする。

イ　技術を評価し，適切な選択と管理・運用の在り方や，新たな発想に基づく改良と応用について考えることでは，よりよい生活や持続可能な社会の構築を目指して，既存の生物育成の技術を，安全性や社会・産業における役割，環境に対する負荷，経済性などの多様な視点で客観的に評価し，適切な選択，管理・運用の在り方を考えたり，新たな改良，応用を発想したりする力を育成する。

この学習では，長い年月をかけて改良・工夫されてきた伝統的な技術やバイオテクノロジー等の先端技術が，食料や燃料の効率的・安定的な供給や安全性の向上，医療，芸術の発展などに寄与していること，水田や森林は二酸化炭素を吸収したり洪水を防止したりするなど，農林水産業や海洋産業がもつ多面的な機能が環境の保全や防災に貢献していることなど，生物育成の技術が生活の向上や産業の創造，継承と発展，資源やエネルギーの有効利用，自然環境の保全等に貢献していることについても指導する。

学習活動としては，例えば，(2)の学習活動を振り返らせ，自らの問題解決の工夫を生物育成の技術の見方・考え方に照らして捉えさせ，それらと(1)で取り上げた既存の技術に込められた工夫との共通点を見いださせることで，生物育成の技術の概念の理解を深める活動が考えられる。

その上で，作業の効率，安全性，価格の視点から，生産する作物の種類や利用する加工品を検討したり，生物育成に関する技術を用いた燃料の生産が，社会や環境に与える影響について調査したりするなど，研究開発が進められている新しい生物育成の技術の優れた点や問題点を整理し，よりよい生活や持続可能な社会の構築という観点から，適切な選択，管理・運用の在り方について話し合わせ，消費者と，生産者や開発者の両方の立場から技術の将来展望について意思決定させて発表させたり，提言をまとめさせたりする活動が考えられる。

C エネルギー変換の技術

ここでは，エネルギー変換の技術の見方・考え方を働かせた実践的・体験的な活動を通して，生活や社会で利用されているエネルギー変換の技術についての基礎的な理解を図り，それらに係る技能を身に付け，エネルギー変換の技術と生活や社会，環境との関わりについて理解を深めるとともに，生活や社会の中からエネルギー変換の技術に関わる問題を見いだして課題を設定し解決する力，よりよい生活や持続可能な社会の構築に向けて適切かつ誠実にエネルギー変換の技術を工夫し創造しようとする実践的な態度を育成することをねらいとしている。

なお，エネルギー変換の「技術の見方・考え方」としては，生活や社会における事象を，エネルギー変換の技術との関わりの視点で捉え，社会からの要求，生産から使用・廃棄までの安全性，出力，変換の効率，環境への負荷や省エネルギー，経済性などに着目し，電気，運動，熱及び流体の特性等にも配慮し，エネルギーを変換，伝達する方法等を最適化することなどが考えられる。また，ここでの社会からの要求としては，例えば，自然環境を保全しつつ生活環境を維持・発展させたいという人々の願いなどが考えられる。

この内容及び(1)から(3)の項目に配当する授業時数と履修学年については，生徒の発達の段階や興味・関心，学校や地域の実態，他教科等との関連を考慮し，分野目標の実現を目指した3学年間にわたる全体的な指導計画に基づき各学校で適切に定めるようにする。

また，例えば，(2)において，基本となる電気回路を改良することで解決できる課題に取り組ませたり，(3)において，既存の技術の応用について考えさせたりするなど，授業時数及び履修学年に応じて設定した目標とする資質・能力を踏まえて，各項目における具体的な指導内容等を検討することにも配慮する。

これらの内容を指導するに当たっては，技術の発達を主体的に支え，技術革新を牽引することができる資質・能力を育成する観点から，自分なりに工夫して製作品を設計・製作する喜びを体験させるとともに，エネルギー変換の技術の進展が，社会を大きく変化させてきた状況や，新エネルギー技術や省エネルギー技術などが自然環境の保全に大きく貢献していることについても触れ，これらに関連した職業や，新たな技術の開発についての理解を深めさせることにも配慮する。

また，生徒に生活や社会と技術とのつながりを意識させるとともに，常に変化を続ける技術についての学習を充実するために，試験研究機関や民間企業，博物館や科学技術館，工業科を設置する高等学校等との連携についても配慮する。

(1) 生活や社会を支えるエネルギー変換の技術について調べる活動などを通して，次の事項を身に付けることができるよう指導する。

ア　電気，運動，熱の特性等の原理・法則と，エネルギーの変換や伝達等に関わる基礎的な技術の仕組み及び保守点検の必要性について理解すること。

イ　技術に込められた問題解決の工夫について考えること。

（内容の取扱い）

(3) 内容の「Cエネルギー変換の技術」の(1)については，電気機器や屋内配線等の生活の中で使用する製品やシステムの安全な使用についても扱うものとする。

(5) 各内容における(1)については，次のとおり取り扱うものとする。

ア　アで取り上げる原理や法則に関しては，関係する教科との連携を図ること。

イ　イでは，社会からの要求，安全性，環境負荷や経済性などに着目し，技術が最適化されてきたことに気付かせること。

ここでは，身の回りの家電製品やシステム，電車，自動車，飛行機などの交通機関，組立てロボットなどの産業機械に用いられているエネルギー変換の技術の仕組み，開発の経緯や意図を調べる活動などを通して，電気，運動，熱などについての科学的な原理・法則と，エネルギーの変換や伝達などに関わる基礎的な技術の仕組み，及び保守点検の必要性について理解させるとともに，エネルギー変換の技術の見方・考え方に気付かせることをねらいとしている。また，こうした活動を通して，進んでエネルギー変換の技術と関わり，主体的に理解し，技能を身に付けようとする態度の育成を図ることが考えられる。

ア　電気，運動，熱の特性等の原理・法則と，エネルギーの変換や伝達等に関わる基礎的な技術の仕組み及び保守点検の必要性について理解することでは，エネルギーの変換，効率及び損失の意味，電気に関わる物性，電気回路及び電磁気の特性，機械に関わる運動，熱及び流体の特性等のエネルギー変換についての原理・法則と，自然界にあるエネルギー源から電気エネルギーや力学的エネルギーへの変換方法，電気エネルギーの供給と光，熱，動力，信号等への変換方法，力学的エネルギーの多様な運動の形態への変換と伝達方法等の基礎的なエネルギー変換の技術の仕組みと，それを支える共通部品や製品規格等の役割について理解することができるようにする。

さらに，機器の性能を維持するために，またエネルギーを有効利用するためには，安全で正しい使用方法を守ることや，保守点検が必要であることについても理解することができるようにする。

イ　技術に込められた問題解決の工夫について考えることでは，取り上げた技術が，どのような条件の下で，どのように生活や社会における問題を解決しているのかを読み取ることで，エネルギーの変換や伝達等に関わる技術が，社会からの要求，生産から使用・廃棄までの安全性，出力，変換の効率，環境への負荷や省エネルギー，経済性などに着目し，電気，運動，熱及び流体の特性等にも配慮して，最適化されてきたことに気付かせることができるようにする。

この学習では，電気機器などの定格表示や安全に関する表示の意味及び許容電流の遵守等，適切な使用方法について理解させるとともに，屋内配線についても取り上げ，漏電，感電，過熱及び短絡による事故を防止できるよう指導する。

なお，原理・法則の指導に当たっては，理科におけるエネルギー，電気，磁気，圧力，運動など，関係する指導内容を確認した上で，連携が図れるよう配慮する。

学習活動としては，例えば，石油などの化石燃料，原子力，水力，風力，太陽光など，自然界のエネルギー資源を利用している発電システム，電気エネルギーを熱，光，動力などに変換して利用している掃除機や洗濯機，力学的な機構が用いられた自動車などの身近なエネルギー変換の技術が用いられた製品について各種資料を用いて開発の経緯を調べたり，懐中電灯や自転車など生活で使用する簡単な製品を観察，分解・組立てしたりすることが考えられる。

この活動の中で，製品に用いられている電気，運動，熱の特性等の原理・法則について調べさせ，仕組みをモデル化し，観察・実験を通して動作を確かめさせ，電気回路や力学的な機構の要素や構成を変えることで動作や出力に違いが生じることを捉えさせる。その上で，製品等の目的に合わせて，これらの要素や構成を変えるなど，開発者が設計に込めた意図を読み取らせることが考えられる。

発電システムを取り上げる場合には，エネルギーの変換効率や設備の稼働率を含めた発電コスト，輸送時のエネルギー損失及び環境への負荷についても確認させることが考えられる。

電気回路については，電源，負荷，導線，スイッチ等からなる基本的な回路を扱い，電流の流れを制御する仕組みについても知ることができるようにすることが考えられる。

動力伝達の機構としては，ベルトとプーリなどの摩擦を利用して動力を伝える機構や，歯車などのかみ合いを利用して動力を伝える機構，カム機構などの目的とする動きに変換して動力を伝える機構について知ることができるようにすることが考えられる。また，共通部品としてのねじやばねなどについても，種類や用途，共通規格を設定することの利点などについて知ることができるようにすることが考えられる。さらに，軸と軸受けの仕組みや潤滑油の役割などについて調べさせることを通して，動力を伝達する途中の損失を少なくする仕組みについて知ることができるようにすることも考えられる。

また，身近な電気機器や機械製品等の保守点検を行うことで，部品の劣化や摩耗，汚れ等によって性能が低下したり機能不全に陥ったりする危険性を捉えさせ，保守点検の必要性と責任に気付かせることも考えられる。

なお，電気機器や機械製品の分解・組立て，保守点検等の作業においてねじ回し，スパナなどの工具を使用する場合には，ねじの大きさに合ったものを選ばせ，作業の順序や力配分が大切であることを知らせるとともに，実際に使用する電気機器や機械製品の保守点検は，製造者の認める範囲で行わせることとし，安全に十分配慮する。

(2) 生活や社会における問題を，エネルギー変換の技術によって解決する活動を通して，次の事項を身に付けることができるよう指導する。
ア　安全・適切な製作，実装，点検及び調整等ができること。
イ　問題を見いだして課題を設定し，電気回路又は力学的な機構等を構想して設計を具体化するとともに，製作の過程や結果の評価，改善及び修正について考えること。

（内容の取扱い）

(6) 各内容における(2)及び内容の「D情報の技術」の(3)については，次のとおり取り扱うものとする。
ア　イでは，各内容の(1)のイで気付かせた見方・考え方により問題を見いだして課題を設定し，自分なりの解決策を構想させること。
イ　知的財産を創造，保護及び活用しようとする態度，技術に関わる倫理観，並びに他者と協働して粘り強く物事を前に進める態度を養うことを目指すこと。
エ　製作・制作・育成場面で使用する工具・機器や材料等については，図画工作科等の学習経験を踏まえるとともに，安全や健康に十分に配慮して選択すること。

ここでは，生活や社会の中から見いだした問題をエネルギー変換の技術によって解決する活動を通して，エネルギー変換の技術の見方・考え方を働かせて，問題を見いだして課題を設定し解決する力を育成するとともに，安全・適切な製作，実装，点検及び調整等ができるようにすることをねらいとしている。また，こうした活動を通して，自分なりの新しい考え方や捉え方によって，解決策を構想しようとする態度や，自らの問題解決とその過程を振り返り，よりよいものとなるよう改善・修正しようとする態度の育成を図ることが考えられる。

ア　安全・適切な製作，実装，点検及び調整等ができることでは，設定した課題を解決するために，工具や機器を使用して，安全・適切に，電気回路や力学的な機構を作り，それらを筐体などの構造物に取り付け，設計どおりに作動するかどうかの点検及び調整等ができるようにする。

イ　問題を見いだして課題を設定し，電気回路又は力学的な機構等を構想して設計を具体化するとともに，製作の過程や結果の評価，改善及び修正について考えることでは，生活や社会の中からエネルギーの変換や伝達などに関わる問題を見いだして課題を設定する力，課題の解決策を，条件を踏まえて構想し，回路図や製作図等に表す力，試行・試作等を通じて解決策を具体化する力，設計に基づく合理的な解決作業について考える力，課題の解決結果や解決過程を評価，改善及び修正する力などの，(1)のイで気付かせたエネルギー変換の技術の見方・考え方を働かせて，問題を見いだして課題を設定し解決する力を育成する。

この学習では，課題の設定や電気回路又は力学的な機構等に関する生徒の新しい発想を認めるとともに，その発想が他の場面にも利用できるよう考えさせることで知的財産を生み出し活用することの価値に気付かせる。また，(1)での学習との対比から，生活や社会で利用されているエネルギー変換の技術に込められた工夫や創造性及びそれに関わる知的財産のすばらしさと，それらがどのように普及してきたかを改めて振り返らせ，知的財産を保護し，活用を図ることが新たな知的財産の創造につながることに気付かせるなど，知的財産を創造，保護及び活用しようとする態度の育成を目指すようにする。

また，製作や使用に伴う廃棄物や排出物の低減を条件として電気回路又は力学的な機構等を構想させたり，使用者の安全や保守点検のしやすさなどに配慮して設計・製作させたりするとともに，他者と協力して作業に取り組ませ，その成果をお互いに認め合うようにさせたりするなど，エネルギー変換の技術に関わる倫理観や，他者と協働して粘り強く物事を前に進める態度の育成にも努めるようにする。

ここで使用する工具・機器，部品や材料等については，小学校での関連する学習経験や生活場面での使用経験などの生徒の実態を踏まえ，安全や健康に十分に配慮して選択するとともに，工具・機器については，使用前の点検・調整や使用後の手入れが大切であることについて指導する。

また，作業内容に応じて防護眼鏡やマスク，帽子，手袋などを着用させ，怪我や火傷，感電等の事故の防止に努めるとともに，作業後にうがいや手洗いを実施するなど，衛生にも十分配慮する。

学習活動としては，例えば，家庭生活や学校生活におけるエネルギーの利用に関わる身近な不便さについて考えたり，既存の電気製品や機械製品の改善の余地を考えたり，自然環境の保全や防災等に関わる社会的な問題について考えたりして，利便性，環境負荷，安全性などに関する問題を見いだし，必要となる機能をもった製品の設計・製作や既存の製品への付加的な機能の追加などの課題を設定し，その解決に取り組ませることが考えられる。

なお，部品の加工を行う場合は，内容の「A材料と加工の技術」の学習との関連を図り，一層高い精度の加工を心がけるよう配慮する。製作品の機械的な部分の組立て・調整を行う場合には，組立ての作業手順，部品の点検と異常の原因の追求，潤滑油の選択と利用などについて知ることができるようにするとともに，目的の働きや動作をしない場合には，その原因を生徒自らが考えて解決させることが考えられる。

製作品の電気的な部分の組立て・調整を行う場合には，ラジオペンチ，ニッパ，ねじ回し，はんだごてなどの工具を用いて，スイッチや各機器の接点と適切な接続を行わせるとともに，配線の段階ごとに，回路計等による点検をさせることが考えられる。

なお，課題の解決策を構想する際には，自分の考えを整理し，電気回路や力学的機構を作る前に設計の問題点を明らかにするとともに，よりよい発想を生み出せるよう，回路図や製作図等を適切に用いることについて指導する。

また，課題の解決策を具体化する際には，繰り返し試行錯誤できる実験装置やＩＣＴを活用したシミュレーション等を用いて試行・試作させることも考えられる。

この学習でＬＥＤ，太陽光発電パネル，トランジスタ等の半導体素子，コンデンサ等の部品，昇圧回路や各種センサ等のモジュールを用いる場合，動作原理についての深入りは避け，必要に応じて(1)のアと関連付けてその働きや用途等を知らせ，電気回路の改良，応用に活用させるように配慮する。

さらに，製作品の製作及び使用に当たっては，火傷や感電事故，火災などの防止に十分に注意させるとともに，定期的な点検を行わせるよう配慮することも必要である。

(3) これからの社会の発展とエネルギー変換の技術の在り方を考える活動などを通して，次の事項を身に付けることができるよう指導する。
ア　生活や社会，環境との関わりを踏まえて，技術の概念を理解すること。
イ　技術を評価し，適切な選択と管理・運用の在り方や，新たな発想に基づく改良と応用について考えること。

（内容の取扱い）

(7) 内容の「A材料と加工の技術」,「B生物育成の技術」,「Cエネルギー変換の技術」の(3)及び内容の「D情報の技術」の(4)については，技術が生活の向上や産業の継承と発展，資源やエネルギーの有効利用，自然環境の保全等に貢献していることについても扱うものとする。

ここでは，(1)におけるエネルギー変換の技術の見方・考え方の気付きや，(2)におけるエネルギー変換の技術による問題の解決の学習を踏まえ，社会の発展のためのエネルギー変換の技術の在り方や将来展望を考える活動などを通して，生活や社会に果たす役割や影響に基づいてエネルギー変換の技術の概念を理解させるとともに，よりよい生活や持続可能な社会の構築に向けて，エネルギー変換の技術を評価し，適切に選択，管理・運用したり，新たな発想に基づいて改良，応用したりする力を育成することをねらいとしている。また，こうした活動を通して，エネルギー変換の技術を工夫し創造していこうとする態度の育成を図ることが考えられる。

ア　生活や社会，環境との関わりを踏まえて，技術の概念を理解することでは，技術には光と影があることや，技術と社会や環境とは相互に影響し合う関係にあることを踏まえ，エネルギー変換の技術とは，人間の願いを実現するために，電気，運動，熱及び流体の特性等の自然的な制約や，人々の価値観や嗜好（しこう）の傾向などの社会的な制約の下で，開発時，利用時，廃棄時及び障害発生時等を想定し，安全性や社会・産業に対する影響，環境に対する負荷，必要となる経済的負担などの折り合いを付け，その効果が最も目的に合致したものとなるようエネルギーを変換，伝達する方法等を考案，改善する過程とその成果であることを理解させるようにする。

イ　技術を評価し，適切な選択と管理・運用の在り方や，新たな発想に基づく改良と応用について考えることでは，よりよい生活や持続可能な社会の構築を目指して，既存のエネルギー変換の技術を，安全性や社会・産業における役割，環境に対する負荷，経済性などの多様な視点で客観的に評価し，適切な選択，管理・運用の在り方を考えたり，新たな改良，応用を発想したりする力を育成する。

この学習では，新しいエネルギー変換の技術を利用して作り出された製品が，居住空間の快適性，身体的な労働や作業の軽減，交通・運輸の効率性や製品製造の生産性の向上などに寄与していること，エネルギーの再利用や貯蔵の技術，機器やシステムの環境性能向上などが省エネルギーに貢献していることなど，エネルギー変換の技術が，生活の向上や産業の創造，継承と発展，資源やエネルギーの有効利用，自然環境の保全等に貢献していることについても指導する。

学習活動としては，例えば，(2)の学習活動を振り返らせ，自らの問題解決の工夫をエネルギー変換の技術の見方・考え方に照らして捉えさせ，それらと(1)で取り上げた既存の技術に込められた工夫との共通点を見いださせることで，エネルギー変換の技術の概念の理解を深める活動が考えられる。

その上で，最新の電気機器について，性能や価格だけでなく，機器の製造，輸送，販売，使用，廃棄，再利用の全ての段階における環境負荷を総合して評価し，環境に配慮した生活について検討するなど，研究開発が進められている新しいエネルギー変換の技術の優れた点や問題点を整理し，よりよい生活や持続可能な社会の構築という観点から，未来に向けた新たな改良，応用について話し合わせ，利用者と開発者の両方の立場から技術の将来展望について意思決定させて発表させたり，提言をまとめさせたりする活動が考えられる。

D　情報の技術

ここでは，情報の技術の見方・考え方を働かせた実践的・体験的な活動を通して，生活や社会で利用されている情報の技術についての基礎的な理解を図り，それらに係る技能を身に付け，情報の技術と生活や社会，環境との関わりについて理解を深めるとともに，生活や社会の中から情報の技術に関わる問題を見いだして課題を設定し解決する力，よりよい生活や持続可能な社会の構築に向けて，適切かつ誠実に情報の技術を工夫し創造しようとする実践的な態度を育成することをねらいとしている。

なお，情報の「技術の見方・考え方」としては，生活や社会における事象を，情報の技術との関わりの視点で捉え，社会からの要求，使用時の安全性，システム，経済性，情報の倫理やセキュリティ等に着目し，情報の表現，記録，計算，通信の特性等にも配慮し，情報のデジタル化や処理の自動化，システム化による処理の方法等を最適化することなどが考えられる。また，ここでの社会からの要求としては，例えば，高齢になっても仕事を続けるために安全に自動車の運転をしたいという人々の願いなどが考えられる。

この内容及び(1)から(4)の項目に配当する授業時数と履修学年については，生徒の発達の段階や興味・関心，学校や地域の実態，他教科等との関連を考慮し，分野目標の実現を目指した３学年間にわたる全体的な指導計画に基づき各学校で適切に定めるようにする。

また，例えば，(3)において，基本となるプログラムを応用することで解決できる課題に取り組ませるなど，授業時数及び履修学年に応じて設定した目標とする資質・能力を踏まえて，各項目における具体的な指導内容等を検討することにも配慮する。

これらの内容を指導するに当たっては，技術の発達を主体的に支え，技術革新を牽引することができる資質・能力を育成する観点から，自分なりに工夫してプログラミングする喜びを体験させるとともに，情報の技術の進展が多くの産業を支え，社会を大きく変化させてきた状況や，情報通信ネットワークの利用による人や物の移動の減少，計測・制御システムの発達による自動車の燃費向上など，情報の技術が自然環境の保全に大きく貢献していることについても触れ，これらに関連した職業や，新たな技術の開発についての理解を深めさせることにも配慮する。

なお，今回の改訂で小学校では，自分が意図する一連の活動を実現するために，どのような動きの組合せが必要であり，一つ一つの動きに対応した記号を，どのように組み合わせたらよいのか，記号の組合せをどのように改善していけば，より意図した活動に近づくのか，といったことを論理的に考えていくことのできる力であるプログラミング的思考等の育成を目指した学習活動を，算数科〔第５学年〕の「Ｂ図形」の(1)における正多角形の作図を行う学習や，理科〔第６学年〕の「Ａ物質・エネルギー」の(4)における電気の性質や働きを利用した道具があることを捉える学習など，各教科等の特質に応じて，計画的に実施することが求められている。

技術分野としては，小学校において育成された資質・能力を土台に，生活や社会の中からプログラムに関わる問題を見いだして課題を設定する力，プログラミング的思考等を発揮して解決策を構想する力，処理の流れを図などに表し試行等を通じて解決策を具体化する力などの育成や，順次，分岐，反復といったプログラムの構造を支える要素等の理解を目指すために，従前はソフトウェアを用いて学習することの多かった「ディジタル作品の設計と制作」に関する内容について，プログラミングを通して学ぶこととした。また，制作するコンテンツのプログラムに対して「ネットワークの利用」及び「双方向性」の規定を追加している。さらに，「プログラムによる計測・制御」に関する内容についても，「計測・制御システムを構想」することを求めている。これらのことを踏まえ，情報活用能力を系統的に育成できるよう，プログラミングに関する学習やコンピュータの基本的な操作，発達の段階に応じた情報モラルの学習，さらに，社会科第５学年における情報化が社会や産業に与える影響についての学習も含めた小学校における学習を発展させるとともに，中学校の他教科等における情報教育及び高等学校における情報関係の科目との連携・接続に配慮する。

また，生徒に生活や社会と技術とのつながりを意識させるとともに，常に変化を続ける技術についての学習を充実するために，民間企業，博物館や科学技術館，情報科や工業科，商業科を設置する高等学校等との連携について配慮する。

(1) 生活や社会を支える情報の技術について調べる活動などを通して，次の事項を身に付けることができるよう指導する。
ア　情報の表現，記録，計算，通信の特性等の原理・法則と，情報のデジタル化や処理の自動化，システム化，情報セキュリティ等に関わる基礎的な技術の仕組み及び情報モラルの必要性について理解すること。
イ　技術に込められた問題解決の工夫について考えること。

（内容の取扱い）

(4) 内容の「D情報の技術」については，次のとおり取り扱うものとする。
ア　(1)については，情報のデジタル化の方法と情報の量，著作権を含めた知的財産権，発信した情報に対する責任，及び社会におけるサイバーセキュリティが重要であることについても扱うこと。
(5) 各内容における(1)については，次のとおり取り扱うものとする。
ア　アで取り上げる原理や法則に関しては，関係する教科との連携を図ること。
イ　イでは，社会からの要求，安全性，環境負荷や経済性などに着目し，技術が最適化されてきたことに気付かせること。

ここでは，生活や産業に用いられている情報の処理や提供を行うサービス，電気製品やそれらを組み合わせたシステムに用いられている情報の技術の仕組み，開発の経緯や意図を調べる活動などを通して，情報の表現，記録，計算，通信などについての科学的な原理・法則と，情報のデジタル化や処理の自動化，システム化，情報セキュリティなどに関わる基礎的な技術の仕組み，及び情報モラルの必要性について理解させるとともに，情報の技術の見方・考え方に気付かせることをねらいとしている。また，こうした活動を通して，進んで情報の技術と関わり，主体的に理解し，技能を身に付けようとする態度の育成を図ることが考えられる。

ア　情報の表現，記録，計算，通信の特性等の原理・法則と，情報のデジタル化や処理の自動化，システム化，情報セキュリティ等に関わる基礎的な技術の仕組み及び情報モラルの必要性について理解することでは，コンピュータでは全ての情報を「0」か「1」のように二値化して表現していることや，単純な処理を組み合わせて目的とする機能を実現していること，2進数や16進数等による計算及び記憶装置等への記録，IPアドレス等の通信の特性等の情報についての原理・法則について理解することができるようにする。また，センサなどの入力装置から，アクチュエータ等の出力装置までの信号の伝達経路や変換の方法，プログラムによる処理の自動化の方法，コンピュータが目的を達成するために，構成する要素や装置を結合して機能させるシステム化の方法等の，基礎的な情報の技術の仕組みについて理解することができるようにする。

さらに，情報通信ネットワーク上のルールやマナーの遵守，危険の回避，人権侵害の防止など，情報に関する技術を利用場面に応じて適正に活用する能力と態度を身に付ける必要性，個人認証やコンピュータへの不正な侵入を防ぐことでファイルやデータを守り，通信の機密を保つ情報セキュリティの仕組みについて理解することができるようにする。その際，情報の技術は使い方次第で，いわゆる「ネット依存」などの問題が発生する危険性があることや，コンピュータウイルスやハッキング等，情報の技術の悪用が社会に多大な経済的・精神的な損害を与えていることについても扱うこと。

イ　技術に込められた問題解決の工夫について考えることでは，取り上げた技術が，どのような条件の下で，どのように生活や社会における問題を解決しているのかを読み取ることで，情報のデジタル化や処理の自動化，システム化，情報セキュリティ等に関わる技術が，社会からの要求，使用時の安全性，システム，経済性，情報の倫理やセキュリティ等に着目し，情報の表現，記録，計算，通信の特性等にも配慮して，最適化されてきたことに気付かせることができるようにする。

この学習では，デジタル化の精度を高めると情報の量が増加することなどの情報のデジタル化の方法と情報の量の関係についても指導する。その際，ビット（b：bit）やバイト（B：byte），ピクセル（pixel），dpi，bps など，情報の処理に関係する主な単位についても，メガ（M），ギガ（G）やテラ（T）などの接頭語も含めて必要に応じて取り上げる。

また，情報のデジタル化に関連して，知的財産を権利として保護することで，その活用を推進し新たな知的財産の創造へとつなげるという，著作権を含めた知的財産権の概要について，材料と加工，生物育成，エネルギー変換の技術とも関連させて指導する。

さらに，情報通信ネットワーク上で根拠の不明確な情報が拡散することで，当事者が不利益を被るといったいわゆる「風評被害」など，情報の発信に伴って発生する可能性のある問題を取り上げ，情報通信ネットワークに情報を発信する前にその真偽を確認し，曖昧な情報はむやみに拡散することのないようにするといった発信者として担うべき責任についても指導する。

なお，情報そのものを保護する情報セキュリティに加えて，コンピュータやネットワークの中につくられた仮想的な空間（サイバー空間など）の保護・治安維持のための，サイバーセキュリティの重要性についても指導する。

また，原理・法則の指導に当たっては，理科における電気や光，音の性質や，数学における単位の概念や数式の意味等，関係する指導内容を確認した上で，連携が図れるよう配慮する。

学習活動としては，例えば，気象情報サイトなどの情報提供サービス，コンビニエンスストアや銀行等の情報処理サービス，ネットワーク対応機能をもつデジタル家庭電化製品などの情報の技術の仕組み，開発の経緯や意図，機能や特徴などを調べたり比較したりすることが考えられる。

この活動の中で，文字や画像などをコンピュータで扱うためには，それぞれの情報の特性を踏まえてデジタル化する必要があることや，デジタル化することで各種の情報が一元的に活用することが可能となること，動作をあらかじめ定め自動化することで，様々な仕事が容易に行えるようになることを捉えさせる。その上で，情報の表現や保存，効率的な作業といった目的に合わせて，デジタル化の方法や手順の自動化の方法を変えるなど，開発者が設計に込めた意図を読み取らせることが考えられる。その際，プログラムや情報サービスも含めた製品の，人が操作する部分の設計思想や機能を比較するなどして，ユニバーサルデザイン等の使いやすさや分かりやすさの工夫などについても扱うことも考えられる。

また，デジタル化された情報を安心して使用するために必要な手立てを考えさせることで，ＩＤ・パスワード及び生体認証などの個人認証や，フィルタリング，ウイルスチェック，ファイアウォール，バックアップ，情報の暗号化などの機能や，著作権を含めた知的財産権の重要性，情報通信ネットワーク上のルールやマナー，危険の回避，人権侵害の防止など，情報に関する技術の利用場面に応じて適正に活動するために必要となる事項についての理解を深めさせることも考えられる。

(2) 生活や社会における問題を，ネットワークを利用した双方向性のあるコンテンツのプログラミングによって解決する活動を通して，次の事項を身に付けることができるよう指導する。

ア　情報通信ネットワークの構成と，情報を利用するための基本的な仕組みを理解し，安全・適切なプログラムの制作，動作の確認及びデバッグ等ができること。

イ　問題を見いだして課題を設定し，使用するメディアを複合する方法とその効果的な利用方法等を構想して情報処理の手順を具体化するとともに，制作の過程や結果の評価，改善及び修正について考えること。

（内容の取扱い）

(4) 内容の「Ｄ情報の技術」については，次のとおり取り扱うものとする。 イ　(2)については，コンテンツに用いる各種メディアの基本的な特徴や，個人情報の保護の必要性についても扱うこと。 (6) 各内容における(2)及び内容の「Ｄ情報の技術」の(3)については，次のとおり取り扱うものとする。 ア　イでは，各内容の(1)のイで気付かせた見方・考え方により問題を見いだして課題を設定し，自分なりの解決策を構想させること。 イ　知的財産を創造，保護及び活用しようとする態度，技術に関わる倫理観，並びに他者と協働して粘り強く物事を前に進める態度を養うことを目指すこと。 エ　製作・制作・育成場面で使用する工具・機器や材料等については，図画工作科等の学習経験を踏まえるとともに，安全や健康に十分に配慮して選択すること。

ここでは，生活や社会の中から見いだした問題を情報通信ネットワークを利用した双方向性のあるコンテンツのプログラミングによって解決する活動を通して，情報の技術の見方・考え方を働かせて，問題を見いだして課題を設定し解決する力を育成するとともに，情報通信ネットワークの構成と，情報を利用するための基本的な仕組みを理解させ，安全・適切なプログラムの制作，動作の確認及びデバッグ等ができるようにすることをねらいとしている。また，こうした活動を通して，自分なりの新しい考え方や捉え方によって，解決策を構想しようとする態度や，自らの問題解決とその過程を振り返り，よりよいものとなるよう改善・修正しようとする態度の育成を図ることが考えられる。

なお，ここでいうコンテンツとは，デジタル化された文字，音声，静止画，動画などを，人間にとって意味のある情報として表現した内容を意味している。また，ネットワークを利用した双方向性とは，使用者の働きかけ（入力）によって，応答（出力）する機能であり，その一部の処理の過程にコンピュータ間の情報通信が含まれることを意味している。利用するネットワークは，インターネットに限らず，例えば，校内ＬＡＮ，あるいは特定の場所だけで通信できるネットワーク環境も考えられる。

ア　情報通信ネットワークの構成と，情報を利用するための基本的な仕組みを理解し，安全・適切なプログラムの制作，動作の確認及びデバッグ等ができることでは，コンピュータ同士を接続する方法や，情報通信ネットワークの構成，サーバやルータ等の働きや，パケット通信やWebでの情報の表現，記録や管理などの情報通信ネットワーク上で情報を利用する仕組みについて理解させるようにする。

そして，設定した課題を解決するために，適切なプログラミング言語を用いて，安全・適切に，順次，分岐，反復という情報処理の手順や構造を入力し，プログラムの編集・保存，動作の確認，デバッグ等ができるようにする。

また，コンテンツに用いる文字や静止画などのメディアには，取り扱いの容易さ，情報伝達の正確性，情報の量に違いがあることや，氏名，住所，電話番号や顔写真などは，利用するメディアや情報を発信する場面によっては使用すべきではないことについても気付かせ，第三者が勝手に使用したり，個人のプライバシーを侵害したりすることがないよう個人情報の保護の必要性についても指導する。

なお，ここでのメディアは，記憶媒体としてのメディアではなく，文字，音声，静止画，動画など，表現手段としてのメディアを指している。

イ　問題を見いだして課題を設定し，使用するメディアを複合する方法とその効果的な利用方法等を構想して情報処理の手順を具体化するとともに，制作の過程や結果の評価，改善及び修正について考えることでは，生活や社会の中から情報のデジタル化や処理の自動化，情報セキュリティ等に関わる問題を見いだして課題を設定する力，課題の解決策を，条件を踏まえて構想し，全体構成やアルゴリズムを図に表す力，試行・試作等を通じて解決策を具体化する力，設計に基づく合理的な解決作業について考える力，課題の解決結果や解決過程を評価，改善及び修正する力などの，(1)のイで気付かせた情報の技術の見方・考え方を働かせて，問題を見いだして課題を設定し解決する力を育成する。

この学習では，課題の設定やメディアの効果的な利用，情報処理の手順などに関する生徒の新しい発想を認めるとともに，その発想が他の場面にも利用できるよう考えさせることで知的財産を生み出し活用することの価値に気付かせる。また，(1)での学習との対比から，生活や社会で利用されている情報の技術に込められた工夫や創造性及びそれに関わる知的財産のすばらしさと，それらがどのように普及してきたかを改めて振り返らせ，知的財産を保護し，活用を図ることが新たな知的財産の創造につながることに気付かせるなど，知的財産を創造，保護及び活用しようとする態度の育成を目指すようにする。

また，ここでは，例えば，映画や楽曲，プログラム等の違法な複製が社会にどのような影響を与えるのかを調べさせることで，制作者や販売企業の経済的な損害や，制作者の制作意欲の減退などの著作権侵害等による悪影響に気付かせたり，制作するコンテンツの中で他者の知的財産の適切な活用について考えさせたりすることも考えられる。

さらに，個人情報などを保護するために，コンテンツを利用する際の約束を明記させたり，使用者が見やすく疲れにくい文字のサイズや色を選択するなどユニバーサルデザインの視点から利用者の安全や健康に配慮して設計・制作させたりするとともに他者と協力して作業に取り組ませ，その成果をお互いに認め合うようにさせたりするなど，情報の技術に関わる倫理観や，他者と協働して粘り強く物事を前に進める態度の育成にも努めるようにする。

ここで使用するプログラミング言語は，小学校での関連する学習経験などの生徒の実態を踏まえるとともに，課題の解決に必要な機能，プログラムの制作やデバッグのしやすさ，(3)で使用する言語との関連などに配慮して選択する。

また，画面が太陽光や室内光で照らされて反射やちらつき，まぶしさなどを感じないように機器の配置に配慮するとともに，望ましい作業姿勢をとらせ，長時間連続して作業を行うことは避けるなど，健康にも十分配慮する。

コンテンツのプログラミングによる問題を解決する学習活動としては，例えば，学校紹介のWebページにQ＆A方式のクイズといった双方向性のあるコンテンツを追加したり，互いにコメントなどを送受信できる簡易なチャットを教室内で再現し，更に利便性や安全性を高めるための機能を追加したりするなど，家庭生活や学校生活における情報の表現や交流に関わる身近な不便さについて考えたり，既存のコンテンツの改善の余地を考えたりして，利便性，安全性などに関する問題を見いだし，必要な機能をもつコンテンツのプログラムの設計・制作などの課題を設定し，その解決に取り組ませることが考えられる。なお，必要に応じて，参考となるプログラムを用意したり，あらかじめ教師が実装しておいたりするなど，課題の難易度が生徒の実態に即したものとなるように配慮する。

なお，課題の解決策を構想する際には，自分の考えを整理し，よりよい発想を生み出せるよう，アクティビティ図のような統一モデリング言語等を適切に用いることについて指導する。

また，この学習では，プログラムの命令の意味を覚えさせるよりも，課題の解決のために処理の手順（アルゴリズム）を考えさせることに重点を置くなど，情報の技術によって課題を解決する力の育成を意識した実習となるよう配慮する。

(3) 生活や社会における問題を，計測・制御のプログラミングによって解決する活動を通して，次の事項を身に付けることができるよう指導する。

ア　計測・制御システムの仕組みを理解し，安全・適切なプログラムの制作，動作の確認及びデバッグ等ができること。

イ　問題を見いだして課題を設定し，入出力されるデータの流れを元に計測・制御システムを構想して情報処理の手順を具体化するとともに，制作の過程や結果の評価，改善及び修正について考えること。

（内容の取扱い）

(6) 各内容における(2)及び内容の「D情報の技術」の(3)については，次のとおり取り扱うものとする。

ア　イでは，各内容の(1)のイで気付かせた見方・考え方により問題を見いだして課題を設定し，自分なりの解決策を構想させること。

イ　知的財産を創造，保護及び活用しようとする態度，技術に関わる倫理観，並びに他者と協働して粘り強く物事を前に進める態度を養うことを目指すこと。

エ　製作・制作・育成場面で使用する工具・機器や材料等については，図画工作科等の学習経験を踏まえるとともに，安全や健康に十分に配慮して選択すること。

ここでは，生活や社会の中から見いだした問題を計測・制御のプログラミングによって解決する活動を通して，情報の技術の見方・考え方を働かせて，問題を見いだして課題を設定し解決する力を育成するとともに，計測・制御システムの仕組みを理解させ，安全・適切なプログラムの制作，動作の確認及びデバッグ等ができるようにすることをねらいとしている。また，こうした活動を通して，自分なりの新しい考え方や捉え方によって，解決策を構想しようとする態度や，自らの問題解決とその過程を振り返り，よりよいものとなるよう改善・修正しようとする態度の育成を図ることが考えられる。

ア　計測・制御システムの仕組みを理解し，安全・適切なプログラムの制作，動作の確認及びデバッグ等ができることでは，センサ，コンピュータ，アクチュエータ等の計測・制御システムの要素や，計測・制御システムの各要素において異なる電気信号（アナログ信号とデジタル信号）を変換し，各要素間で情報の伝達が行えるようにするためにインタフェースが必要であること，計測・制御システムの中では一連の情報がプログラムによって処理されていることなどの計測・制御システムの仕組みについて理解させる。

そして，設定した課題を解決するために，適切なプログラミング言語を用いて，安全・適切に，順次，分岐，反復という情報処理の手順や構造を入力し，プログラムの編集・保存，動作の確認，デバッグ等ができるようにする。

イ　問題を見いだして課題を設定し，入出力されるデータの流れを元に計測・制御システムを構想して情報処理の手順を具体化するとともに，制作の過程や結果の評価，改善及び修正について考えることでは，生活や社会の中から処理の自動化，システム化，情報セキュリティ等に関わる問題を見いだして課題を設定する力，課題の解決策を，条件を踏まえて構想し，全体構成やアルゴリズム，データの流れを図に表す力，試行・試作等を通じて解決策を具体化する力，設計に基づく合理的な解決作業について考える力，課題の解決結果や解決過程を評価，改善及び修正する力などの，(1)のイで気付かせた情報の技術の見方・考え方を働かせて，問題を見いだして課題を設定し解決する力を育成する。

この学習では，課題の設定や計測・制御システム，情報処理の手順などに関する生徒の新しい発想を認めるとともに，その発想が他の場面にも利用できるよう考えさせることで知的財産を生み出し活用することの価値に気付かせる。また，(1)での学習との対比から，生活や社会で利用されている情報の技術に込められた工夫や創造性及びそれに関わる知的財産のすばらしさと，それらがどのように普及してきたかを改めて振り返らせ，知的財産を保護し，活用を図ることが新たな知的財産の創造につながることに気付かせるなど，知的財産を創造，保護及び活用しようとする態度の育成を目指すようにする。

また，センサが正常に動作しなかった場合を想定して計測・制御システムを構想させたり，使用者の安全に配慮してプログラムを設計・制作させたりするとともに，他者と協力して作業に取り組ませ，その成果をお互いに認め合うようにさせたりするなど，情報の技術に関わる倫理観や，他者と協働して粘り強く物事を前に進める態度の育成にも努めるようにする。

ここで使用するプログラミング言語は，小学校での関連する学習経験などの生徒の実態を踏まえるとともに，課題の解決に必要な機能，プログラムの制作やデバッグのしやすさ，(2)で使用する言語との関連などに配慮して選択する。

また，画面が太陽光や室内光で照らされて反射やちらつき，まぶしさなどを感じないように機器の配置に配慮するとともに，望ましい作業姿勢をとらせ，長時間連続して作業を行うことは避けるなど，健康にも十分配慮する。

計測・制御のプログラミングによる問題を解決する学習活動としては，例えば，気温や湿度の計測結果に基づき，灌水（かんすい）などの管理作業を自動的に行う栽培ロボットのモデルや，買物の際に，高齢者の方を目的の売り場に誘導しながら荷物を運搬したり，障害物や路面状況などをセンサで確認し，危険な状況となった場合には注意を促したりする生活サポートロボットのモデルを開発するなど，家庭生活や学校生活における計測・制御に関わる身近な不便さについて考えたり，既存の計測・制御システムの改善の余地を考えたり，自然環境の保全や防災等に関わる社会的な問題について考えたりして，利便性，環境負荷，安全性などに関する問題を見いだし，必要な機能をもつ計測・制御システムの設計・製作などの課題を設定し，その解決に取り組ませることが考えられる。

なお，課題の解決策を構想する際には，自分の考えを整理し，よりよい発想を生み出せるよう，アクティビティ図のような統一モデリング言語や製作図等を適切に用いることについて指導する。

また，この学習では，プログラムの命令の意味を覚えさせるよりも，課題の解決のために処理の手順（アルゴリズム）を考えさせることに重点を置くなど，情報の技術によって課題を解決する力の育成を意識した実習となるよう配慮する。さらに，制作活動においては，アクチュエータなどの微細な動作設定が中心とならないように配慮する。

> (4) これからの社会の発展と情報の技術の在り方を考える活動などを通して，次の事項を身に付けることができるよう指導する。
> ア　生活や社会，環境との関わりを踏まえて，技術の概念を理解すること。
> イ　技術を評価し，適切な選択と管理・運用の在り方や，新たな発想に基づく改良と応用について考えること。

（内容の取扱い）

> (7) 内容の「A材料と加工の技術」，「B生物育成の技術」，「Cエネルギー変換の技術」の(3)及び内容の「D情報の技術」の(4)については，技術が生活の向上や産業の継承と発展，資源やエネルギーの有効利用，自然環境の保全等に貢献していることについても扱うものとする。

ここでは，(1)における情報の技術の見方・考え方の気付きや，(2)及び(3)における情報の技術による問題の解決の学習を踏まえ，社会の発展のための情報の技術の在り方や将来展望を考える活動などを通して，生活や社会に果たす役割や影響に基づいて情報の技術の概念を理解させるとともに，よりよい生活や持続可能な社会の構築に向けて，情報の技術を評価し，適切に選択，管理・運用したり，新たな発想に基づいて改良，応用したりする力を育成することをねらいとしている。また，こうした活動を通して，情報の技術を工夫し創造していこうとする態度の育成を図ることが考えられる。

ア　生活や社会，環境との関わりを踏まえて，技術の概念を理解することでは，技術には光と影があることや，技術と社会や環境とは相互に影響し合う関係にあることを踏まえ，情報の技術とは，人間の願いを実現するために，情報についての科学的な原理・法則等の自然的な制約や，人々の価値観や嗜好（しこう）の傾向などの社会的な制約の下で，開発時，利用時，廃棄時及び障害発生時等を想定し，安全性や社会・産業に対する影響，環境に対する負荷，必要となる経済的負担などの折り合いを付け，その効果が最も目的に合致したものとなるよう情報のデジタル化や処理の自動化，システム化による処理の方法等を考案，改善する過程とその成果であることを理解させるようにする。

イ　技術を評価し，適切な選択と管理・運用の在り方や，新たな発想に基づく改良と応用について考えることでは，よりよい生活や持続可能な社会の構築を目指して，既存の情報の技術を，安全性や社会・産業における役割，環境に対する負荷，経済性などの多様な視点で客観的に評価し，適切な選択，管理・運用の在り方を考えたり，新たな改良，応用を発想したりする力を育成する。

この学習では，情報の技術の進展が，情報処理及び情報伝達の高速化や人工知能の発達を支え，サービスの向上や新しい文化の創造などに寄与していること，センサを利用して様々な情報を収集するセンシングやデータを活用したシミュレーションなどを含む情報システムの技術が地球の環境問題の調査や環境の保全に貢献していることなど，情報の技術が生活の向上や産業の創造，継承と発展，資源やエネルギーの有効利用，自然環境の保全等に貢献していることについても指導する。

学習活動としては，例えば，(2)や(3)の学習活動を振り返らせ，自らの問題解決の工夫を情報の技術の見方・考え方に照らして捉えさせ，それらと(1)で取り上げた既存の技術に込められた工夫との共通点を見いださせることで，情報の技術の概念の理解を深める活動が考えられる。

その上で，生活や社会における人工知能の活用について，人間の労働環境や安全性，経済性の視点から，その利用方法を検討するなど，研究開発が進められている新しい情報の技術の優れた点や問題点を整理し，よりよい生活や持続可能な社会の構築という観点から，未来に向けた新たな改良，応用について話し合わせ，利用者と開発者の両方の立場から技術の将来展望について意思決定させて発表させたり，提言をまとめさせたりする活動が考えられる。

また，今後開発される様々な技術は，他の内容の技術を，情報の技術によってシステム化したり制御したりすることで，様々な問題を解決できる可能性があることに触れ，技術の在り方について統合的に考えさせ，提言させる活動が考えられる。

技術分野　資質・能力系統表

		知識及び技能	思考力，判断力，表現力等	学びに向かう力，人間性等
技術分野		技術によってよりよい生活や持続可能な社会を構築する資質・能力		
		・生活や社会で利用されている材料，加工，生物育成，エネルギー変換及び情報の技術についての基礎的な理解と，それらに係る技能 ・技術と生活や社会，環境との関わりについての理解	・生活や社会の中から技術に関わる問題を見いだして課題を設定し，解決策を構想し，製作図等に表現し，試作等を通じて具体化し，実践を評価・改善するなど，課題を解決する力	・よりよい生活の実現や持続可能な社会の構築に向けて，適切かつ誠実に技術を工夫し創造しようとする実践的な態度
内容A　材料と加工の技術		・生活や社会で利用されている材料と加工の技術についての基礎的な理解とそれらに係る技能 ・材料と加工の技術と生活や社会，環境との関わりについての理解	・生活や社会の中から材料と加工の技術に関わる問題を見いだして課題を設定し解決する力	・よりよい生活や持続可能な社会の構築に向けて，適切かつ誠実に材料と加工の技術を工夫し創造しようとする実践的な態度
	（1）	・主な材料や加工についての科学的な原理・法則の理解 ・材料の製造方法や成形方法などの基礎的な技術の仕組みの理解	・材料と加工の技術に込められた工夫を読み取る力 ・材料と加工の技術の見方・考え方の気付き	・進んで材料と加工の技術と関わり，主体的に理解し，技能を身に付けようとする態度
	（2）	・製作に必要な図をかき，安全・適切な製作や検査・点検等ができる技能	・材料と加工の技術の見方・考え方を働かせて，問題を見いだして課題を設定し解決できる力	・自分なりの新しい考え方や捉え方によって，解決策を構想しようとする態度 ・自らの問題解決とその過程を振り返り，よりよいものとなるよう改善・修正しようとする態度
	（3）	・生活や社会に果たす役割や影響に基づいた材料と加工の技術の概念の理解	・よりよい生活や持続可能な社会の構築に向けて，材料と加工の技術を評価し，適切に選択，管理・運用したり，新たな発想に基づいて改良，応用したりする力	・よりよい生活や持続可能な社会の構築に向けて，材料と加工の技術を工夫し創造していこうとする態度
内容B　生物育成の技術		・生活や社会で利用されている生物育成の技術についての基礎的な理解とそれらに係る技能 ・生物育成の技術と生活や社会，環境との関わりについての理解	・生活や社会の中から生物育成の技術に関わる問題を見いだして課題を設定し解決する力	・よりよい生活や持続可能な社会の構築に向けて，適切かつ誠実に生物育成の技術を工夫し創造しようとする実践的な態度
	（1）	・作物，動物及び水産生物の成長，生態についての科学的な原理・法則の理解 ・生物の育成環境を調節する方法などの基礎的な技術の仕組みの理解	・生物育成の技術に込められた工夫を読み取る力 ・生物育成の技術の見方・考え方の気付き	・進んで生物育成の技術と関わり，主体的に理解し，技能を身に付けようとする態度
	（2）	・安全・適切な栽培又は飼育，検査等ができる技能	・生物育成の技術の見方・考え方を働かせて，問題を見いだして課題を設定し解決できる力	・自分なりの新しい考え方や捉え方によって，解決策を構想しようとする態度 ・自らの問題解決とその過程を振り返り，よりよいものとなるよう改善・修正しようとする態度
	（3）	・生活や社会に果たす役割や影響に基づいた生物育成の技術の概念の理解	・よりよい生活や持続可能な社会の構築に向けて，生物育成の技術を評価し，適切に選択，管理・運用したり，新たな発想に基づいて改良，応用したりする力	・よりよい生活や持続可能な社会の構築に向けて，生物育成の技術を工夫し創造していこうとする態度
内容C　エネルギー変換の技術		・生活や社会で利用されているエネルギー変換の技術についての基礎的な理解とそれらに係る技能 ・エネルギー変換の技術と生活や社会，環境との関わりについての理解	・生活や社会の中からエネルギー変換の技術に関わる問題を見いだして課題を設定し解決する力	・よりよい生活や持続可能な社会の構築に向けて，適切かつ誠実にエネルギー変換の技術を工夫し創造しようとする実践的な態度
	（1）	・電気，運動，熱などについての科学的な原理・法則の理解 ・エネルギーの変換や伝達などに関わる基礎的な技術の仕組みの理解	・エネルギー変換の技術に込められた工夫を読み取る力 ・エネルギー変換の技術の見方・考え方の気付き	・進んでエネルギー変換の技術と関わり，主体的に理解し，技能を身に付けようとする態度
	（2）	・安全・適切な製作，実装，点検及び調整等ができる技能	・エネルギー変換の技術の見方・考え方を働かせて，問題を見いだして課題を設定し解決できる力	・自分なりの新しい考え方や捉え方によって，解決策を構想しようとする態度 ・自らの問題解決とその過程を振り返り，よりよいものとなるよう改善・修正しようとする態度
	（3）	・生活や社会に果たす役割や影響に基づいたエネルギー変換の技術の概念の理解	・よりよい生活や持続可能な社会の構築に向けて，エネルギー変換の技術を評価し，適切に選択，管理・運用したり，新たな発想に基づいて改良，応用したりする力	・よりよい生活や持続可能な社会の構築に向けて，エネルギー変換の技術を工夫し創造していこうとする態度
内容D　情報の技術		・生活や社会で利用されている情報の技術についての基礎的な理解とそれらに係る技能 ・情報の技術と生活や社会，環境との関わりについての理解	・生活や社会の中から情報の技術に関わる問題を見いだして課題を設定し解決する力	・よりよい生活や持続可能な社会の構築に向けて，適切かつ誠実に情報の技術を工夫し創造しようとする実践的な態度
	（1）	・情報の表現，記録，計算，通信などについての科学的な原理・法則の理解 ・情報のデジタル化や処理の自動化，システム化，情報セキュリティなどに関わる基礎的な技術の仕組みの理解	・情報の技術に込められた工夫を読み取る力 ・情報の技術の見方・考え方の気付き	・進んで情報の技術と関わり，主体的に理解し，技能を身に付けようとする態度
	（2）	・情報通信ネットワークの構成と，情報を利用するための基本的な仕組みの理解 ・安全・適切なプログラムの制作，動作の確認及びデバッグ等ができる技能	・情報の技術の見方・考え方を働かせて，問題を見いだして課題を設定し解決できる力	・自分なりの新しい考え方や捉え方によって，解決策を構想しようとする態度 ・自らの問題解決とその過程を振り返り，よりよいものとなるよう改善・修正しようとする態度
	（3）	・計測・制御システムの仕組みの理解 ・安全・適切なプログラムの制作，動作の確認及びデバッグ等ができる技能	・情報の技術の見方・考え方を働かせて，問題を見いだして課題を設定し解決できる力	・自分なりの新しい考え方や捉え方によって，解決策を構想しようとする態度 ・自らの問題解決とその過程を振り返り，よりよいものとなるよう改善・修正しようとする態度
	（4）	・生活や社会に果たす役割や影響に基づいた情報の技術の概念の理解	・よりよい生活や持続可能な社会の構築に向けて，情報の技術を評価し，適切に選択，管理・運用したり，新たな発想に基づいて改良，応用したりする力	・よりよい生活や持続可能な社会の構築に向けて，情報の技術を工夫し創造していこうとする態度

第３節　家庭分野の目標及び内容

1　家庭分野の目標

> 生活の営みに係る見方・考え方を働かせ，衣食住などに関する実践的・体験的な活動を通して，よりよい生活の実現に向けて，生活を工夫し創造する資質・能力を次のとおり育成することを目指す。
> (1) 家族・家庭の機能について理解を深め，家族・家庭，衣食住，消費や環境などについて，生活の自立に必要な基礎的な理解を図るとともに，それらに係る技能を身に付けるようにする。
> (2) 家族・家庭や地域における生活の中から問題を見いだして課題を設定し，解決策を構想し，実践を評価・改善し，考察したことを論理的に表現するなど，これからの生活を展望して課題を解決する力を養う。
> (3) 自分と家族，家庭生活と地域との関わりを考え，家族や地域の人々と協働し，よりよい生活の実現に向けて，生活を工夫し創造しようとする実践的な態度を養う。

この目標は，家庭分野で育成を目指す資質・能力を(1)「知識及び技能」，(2)「思考力，判断力，表現力等」，(3)「学びに向かう力，人間性等」の三つの柱に沿って示したものである。

生活の営みに係る見方・考え方を働かせとは，家庭分野が学習対象としている家族や家庭，衣食住，消費や環境などに係る生活事象を，協力・協働，健康・快適・安全，生活文化の継承・創造，持続可能な社会の構築等の視点で捉え，生涯にわたって，自立し共に生きる生活を創造できるよう，よりよい生活を営むために工夫することを示したものである。

この「生活の営みに係る見方・考え方」に示される視点は，家庭分野で扱う全ての内容に共通する視点であり，相互に関わり合うものである。したがって，生徒の発達の段階を踏まえるとともに，取り上げる内容や題材構成などによって，いずれの視点を重視するのかを適切に定めることが大切である。例えば，家族・家庭生活に関する内容においては，主に「協力・協働」，衣食住の生活に関する内容においては，主に「健康・快適・安全」や「生活文化の継承・創造」，さらに，消費生活・環境に関する内容においては，主に「持続可能な社会の構築」の視点から物事を捉え，考察することなどが考えられる。

なお，中学校においては，「生活の営みに係る見方・考え方」のうち，「生活文化の継承・創造」については，「生活文化を継承する大切さに気付くこと」を視点として扱うことが考えられる。

衣食住などに関する実践的・体験的な活動を通してとは，家庭分野における学習方法の特質を述べたものである。家庭分野の目標を実現するためには，生活を営む上で必要な「Ａ家族・家庭生活」，「Ｂ衣食住の生活」，「Ｃ消費生活・環境」の三つの内容について，理論のみの学習に終わることなく，調理，製作等の実習や観察，調査，実験などの実践的・体験的な活動を通して学習することにより，習得した知識及び技能を生徒自らの生活に生かすことを意図している。

このようにして獲得した力が，将来にわたって生活を工夫し創造する資質・能力の育成につながる。

生活を工夫し創造する資質・能力とは，家庭分野の学習で育成を目指す資質・能力（「何ができるようになるか」）であり，生涯にわたって健康で豊かな生活を送るための自立に必要なものについて示したものである。

今回の改訂では，育成を目指す資質・能力は三つの柱に沿って示されており，これらが偏りなく実現できるようにすることが大切である。そのため，家庭分野の学習では，実生活と関連を図った問題解決的な学習を効果的に取り入れ，これら三つの柱を相互に関連させることにより，家庭分野全体の資質・能力を育成することが重要である。

> (1) 家族・家庭の機能について理解を深め，家族・家庭，衣食住，消費や環境などについて，生活の自立に必要な基礎的な理解を図るとともに，それらに係る技能を身に付けるようにする。

(1)の目標は，学習内容として主に家庭生活に焦点を当て，家族・家庭，衣食住，消費や環境などに関する内容を取り上げ，生活の自立に必要な基礎的な理解を図るとともに，それらに係る技能を身に付けることを示している。

家族・家庭の機能について理解を深めとは，子供を育てる機能，心の安らぎを得るなどの精神的な機能，衣食住などの生活を営む機能，収入を得るなどの経済的な機能，生活文化を継承する機能などについて理解を深め，これからの生活についても展望できる基礎を培うことを意図している。家族・家庭の基本的な機能については，「Ａ家族・家庭生活」，「Ｂ衣食住の生活」，「Ｃ消費生活・環境」の内容と関わらせて，その重要性について理解できるようにすることが大切である。

生活の自立に必要な基礎的な理解を図るとは，家庭分野で習得する知識が，個別の事実的な知識だけでなく，生徒が学ぶ過程の中で，既存の知識や生活経験と結び付けられ，家庭分野における学習内容の本質を深く理解するための概念として習得され，家庭や地域などにおける様々な場面で活用されることを意図している。

それらに係る技能を身に付けるについても同様に，一定の手順や段階を追って身に付く個別の技能だけではなく，それらが自分の経験や他の技能と関連付けられ，変化する状況や課題に応じて主体的に活用できる技能として習熟・定着することを意図している。

今回の改訂では，小・中・高等学校の内容の系統性をより重視して，小学校，中学校ともに三つの内容としていることから，小学校の学習を踏まえ，中学校で指導する「知識及び技能」が,高等学校の学習に発展していくものとして意識し，確実に定着できるようにすることを目指している。中学校で習得することを目指す生活の自立に必要とされる家族・家庭，衣食住，消費や環境などに関する「知識及び技能」は，生活に応用・発展できるもの，生活における工夫・創造につながるものとして，変化の激しい社会において心身ともに健康で豊かに生きるために必要である。

これらの「知識及び技能」を習得するに当たっては，実践的・体験的な活動を重視した学習を通して，生徒一人一人のよさや個性を生かしながら身に付けるようにすることが大切である。

> (2) 家族・家庭や地域における生活の中から問題を見いだして課題を設定し，解決策を構想し，実践を評価・改善し，考察したことを論理的に表現するなど，これからの生活を展望して課題を解決する力を養う。

(2)の目標は，次のような学習過程を通して，習得した「知識及び技能」を活用し，「思考力，判断力，表現力等」を育成することにより，課題を解決する力を養うことを明確にしたものである。(学習過程の参考例を次ページに図示する。)

家族・家庭や地域における生活の中から問題を見いだして課題を設定しとは，既習の知識及び技能や生活経験を基に家族・家庭や地域における生活を見つめることを通して，問題を見いだし，解決すべき課題を設定する力を育成することについて示したものである。

解決策を構想しとは，解決の見通しをもって計画を立てることを通して，生活課題について多角的に捉え，解決方法を検討し，計画，立案する力を育成することについて示したものである。その際，他者からの意見等を踏まえて，計画を評価・改善し，最善の方法を判断・決定できるようにする。

実践を評価・改善し，考察したことを論理的に表現するとは，調理や製作等の実習や，調査，交流活動等を通して，課題の解決に向けて実践したことを振り返り，考察したことを発表し合い，他者からの意見を踏まえて改善策を検討するなど，実践活動を評価・改善する力を育成することについて示したものである。その際，考察したことを根拠や理由を明確にして筋道を立てて説明したり，発表したりすることができるようにする。

これからの生活を展望して課題を解決するとは，将来にわたって自立した生活を営む見通しをもち，よりよい生活の実現に向けて，身近な生活の課題を主体的に捉え，具体的な実践を通して，課題の解決を目指すことを意図している。

このような一連の学習過程を通して，生徒が課題を解決できた達成感や，実践する喜びを味わい，次の学習に主体的に取り組むことができるようにする。

また，3学年間を見通して，このような学習過程を工夫した題材を計画的に配列し，課題を解決する力を養うことが大切である。

なお，この学習過程は，生徒の状況や題材構成等に応じて異なることに留意する必要がある。また，家庭や地域での実践についても一連の学習過程として位置付けることが考えられる。

家庭科，技術・家庭科（家庭分野）の学習過程の参考例

生活の課題発見	解決方法の検討と計画		課題解決に向けた実践活動	実践活動の評価・改善		家庭・地域での実践
既習の知識及び技能や生活経験を基に生活を見つめ，生活の中から問題を見いだし，解決すべき課題を設定する	生活に関わる知識及び技能を習得し，解決方法を検討する	解決の見通しをもち，計画を立てる	生活に関わる知識及び技能を活用して，調理・製作等の実習や，調査，交流活動などを行う	実践した結果を評価する	結果を発表し，改善策を検討する	改善策を家庭・地域で実践する

※上記に示す各学習過程は例示であり，上例に限定されるものではないこと

(3) 自分と家族，家庭生活と地域との関わりを考え，家族や地域の人々と協働し，よりよい生活の実現に向けて，生活を工夫し創造しようとする実践的な態度を養う。

(3)の目標は，(1)及び(2)で身に付けた資質・能力を活用し，自分と家族，家庭生活と地域との関わりを見つめ直し，家族や地域の人々と協働して生活を工夫し創造しようとする実践的な態度を養うことを明確にしたものである。

自分と家族，家庭生活と地域との関わりを考えとは，家族の互いの立場や役割が分かり，自分の生活を支える家庭生活が地域との相互の関わりで成り立っていることを理解した上で，自分も家庭生活や地域を支える一員として，生活をよりよくしようと積極的に取り組むことができるようにすることについて示したものである。

家族や地域の人々と協働しとは，よりよい生活の実現を目指して，家族と協力し，地域に住む様々な世代の人々とともに力を合わせて，主体的に物事に取り組むことを示したものである。その際，少子高齢社会の進展に対応し，特に，高齢

者などとの関わり方について理解し，適切に関わることが大切である。

よりよい生活の実現に向けて，生活を工夫し創造しようとする実践的な態度とは，家族・家庭生活，衣食住の生活，消費生活・環境に関する家族・家庭や地域における様々な問題を，協力・協働，健康・快適・安全，生活文化の継承，持続可能な社会の構築等の視点で捉え，一連の学習過程を通して身に付けた力を，生活をよりよくするために生かし，実践しようとする態度について示したものである。このような実践的な態度は，家庭分野で身に付けた力を家庭，地域から最終的に社会の中で生かし，社会を生き抜く力としていくために必要である。

なお，家庭分野で養うことを目指す実践的な態度には，前述の家族と協力し，地域の人々と協働しようとする態度のほかに，日本の生活文化を継承しようとする態度，生活を楽しみ，豊かさを味わおうとする態度，将来の家庭生活や職業との関わりを見通して学習に取り組もうとする態度なども含まれている。

2　家庭分野の内容構成

(1) 内容構成の考え方

今回の改訂における内容構成は，次の三つの考え方に基づいている。

一つ目は，小・中・高等学校の内容の系統性の明確化である。児童生徒の発達を踏まえ，小・中・高等学校の各内容の接続が見えるように，小・中学校においては，「家族・家庭生活」，「衣食住の生活」，「消費生活・環境」に関する三つの枠組みに整理している。また，この枠組みは，「生活の営みに係る見方・考え方」も踏まえたものである。

二つ目は，空間軸と時間軸の視点からの小・中・高等学校における学習対象の明確化である。空間軸の視点では，家庭，地域，社会という空間的な広がりから，時間軸の視点では，これまでの生活，現在の生活，これからの生活，生涯を見通した生活という時間的な広がりから学習対象を捉え，学校段階を踏まえて指導内容を整理している。

三つ目は，学習過程を踏まえた育成する資質・能力の明確化である。生活の中から問題を見いだし，課題を設定し，解決方法を検討し，計画，実践，評価・改善するという一連の学習過程を重視し，この過程を踏まえて「知識及び技能」の習得に係る内容や，それらを活用して「思考力，判断力，表現力等」の育成に係る内容について整理している。

また，今後の社会を担う子供たちに，グローバル化，少子高齢社会の進展，持続可能な社会の構築等の現代的な諸課題を適切に解決できる能力を育成できるよう指導内容を充実・改善している。

(2) 内容の示し方

上記の考え方を踏まえ，内容の示し方の特色としては，次の点を挙げることができる。

① 小・中学校の各内容の系統性の明確化

小・中学校ともに「A家族・家庭生活」，「B衣食住の生活」，「C消費生活・環境」の三つの内容とし，各内容及び各項目の指導が系統的に行えるようにしている。

② 空間軸と時間軸の視点からの学習対象の明確化

中学校における空間軸の視点は，主に家庭と地域，時間軸の視点は，主にこれからの生活を展望した現在の生活である。

③ 各内容の各項目で育成する資質・能力の明確化

各内容の各項目は，アとイの二つの指導事項で構成し，原則として，アは，

「知識及び技能」の習得に係る事項，イは，アで習得した知識及び技能を活用して「思考力，判断力，表現力等」を育成することに係る事項としている。また，指導事項ア及びイは，学習過程を踏まえ，関連を図って取り扱うこととしている。

④ 「生活の課題と実践」の一層の充実

「生活の課題と実践」については，各内容に位置付け，生徒の興味・関心や学校，地域の実態に応じて，「Ａ家族・家庭生活」の(4)，「Ｂ衣食住の生活」の(7)及び「Ｃ消費生活・環境」の(3)の三項目のうち，一以上を選択して履修させることとしている。その際，他の内容と関連を図り，実践的な活動を家庭や地域などで行うことができるよう配慮することとしている。

⑤ 家族・家庭の機能と「生活の営みに係る見方・考え方」との関連を図った内容の見直し

家族・家庭の基本的な機能については，「Ａ家族・家庭生活」の(1)「自分の成長と家族・家庭生活」に位置付け，家庭分野の各内容と関連を図るとともに，家族・家庭や地域における様々な問題を，協力・協働，健康・快適・安全，生活文化の継承，持続可能な社会の構築等の視点から捉え，解決に向けて考え，工夫することと関連付けて扱うこととしている。

⑥ 社会の変化に対応した各内容の見直し

ア「Ａ家族・家庭生活」においては，少子高齢社会の進展に対応して，家族や地域の人々と関わる力の育成を重視し，高齢者など地域の人々と協働することや高齢者との関わり方について理解することなどを扱うこととしている。

イ「Ｂ衣食住の生活」においては，食育を一層推進するために，献立，調理に関する内容を充実するとともに，グローバル化に対応して，和食，和服など日本の生活文化の継承に関わる内容を扱うこととしている。

ウ 「Ｃ消費生活・環境」においては，持続可能な社会の構築に対応して，計画的な金銭管理，消費者被害への対応について扱うとともに，資源や環境に配慮したライフスタイルの確立の基礎となる内容を扱うこととしている。

3　家庭分野の内容

A　家族・家庭生活

「家族・家庭生活」の内容は，全ての生徒に履修させる(1)「自分の成長と家族・家庭生活」，(2)「幼児の生活と家族」，(3)「家族・家庭や地域との関わり」と，生徒の興味・関心や学校，地域の実態等に応じて選択して履修させる(4)「家族・家庭生活についての課題と実践」の4項目で構成されている。

ここでは，課題をもって，家族や地域の人々と協力・協働し，よりよい家庭生活に向けて考え，工夫する活動を通して，家族・家庭の基本的な機能について理解するとともに，家族・家庭生活に関する知識及び技能を身に付け，これからの生活を展望して，家族・家庭や地域における生活の課題を解決する力を養い，家庭生活を工夫し創造しようとする実践的な態度を育成することをねらいとしている。

このねらいを実現するため，(2)，(3)の項目は，それぞれ指導事項ア及びイで構成されている。指導事項のアは，家族・家庭生活に関する「知識及び技能」について示したものである。指導事項のイは，「思考力，判断力，表現力等」について示したものであり，アで身に付けた「知識及び技能」を生活で活用できるようにすることを意図している。なお，(1)及び(4)の項目は，いずれも指導事項アのみで構成されている。

(4)の項目の指導事項は，アのみで構成されているが，(1)から(3)までの学習を基礎とし，生活の中から問題を見いだして課題を設定し，その解決に向けて計画を立てて実践できるようにすることを意図している。

これらの四つの項目の冒頭では，次のように示している。

次の(1)から(4)までの項目について，課題をもって，家族や地域の人々と協力・協働し，よりよい家庭生活に向けて考え，工夫する活動を通して，次の事項を身に付けることができるよう指導する。

これは，目標(2)に示す学習過程を踏まえ，課題をもって考え，工夫する活動を通して，指導事項ア及びイについて関連を図って取り扱うことを明確にしたものである。また，「生活の営みに係る見方・考え方」と関わって，「A家族・家庭生活」において考察する主な視点についても示している。

今回の改訂では，小・中・高等学校の内容の系統性を図り，少子高齢社会の進展に対応して，幼児と触れ合う活動などを一層充実するとともに，高齢者など地域の人々と協働することについての内容を新設した。家庭や地域との連携を図り，人と関わる活動を充実することにより，生徒が家庭生活や地域を支える一員であることを自覚できるようにすることを意図している。また，A(1)「自分の成長と家族・家庭生活」，A(2)「幼児の生活と家族」，A(3)「家族・家庭や地域との関わり」は，自分や家庭生活と地域との関わりという空間的な広がりと幼児から中学生の自分という時間的なつながりを意識した構成となっている。さらに，第1学年の最初に履修させるA(1)において家族・家庭の基本的な機能を扱い，AからCの内容と関わらせて学習を進めることにより，家族・家庭の基本的な機能が果たされることがよりよい生活を営むために大切であることに気付くことができるようにしている。

内容の指導に当たっては，小学校家庭科で学習した「A家族・家庭生活」の(1)「自分の成長と家族・家族生活」，(2)「家庭生活と仕事」，(3)「家族や地域の人々との関わり」に関する基礎的・基本的な知識及び技能などを基盤にして，適切な題材を設定し，相互に関連を図り，総合的に展開できるよう配慮する。また，(1)の家族・家庭の基本的な機能は，家庭分野で学習する「A家族・家庭生活」，「B衣食住の生活」及び「C消費生活・環境」の三つの内容に関わっていることに気付くようにする。(4)「家族・家庭生活についての課題と実践」では，「B衣食住の生活」や「C消費生活・環境」との関連を図り，実践的な活動を家庭や地域などで行うことができるよう配慮する。

さらに，道徳科や他教科等の学習と関連を図るために，指導の時期等についても配慮する。

なお，時代とともに家庭を取り巻く環境が変化していることから，これまで以上に家庭の状況を踏まえた十分な配慮が求められる。特に，生徒によって家族構成や家庭生活の状況が異なることから，各家庭や生徒のプライバシーに配慮する必要がある。そのため，家庭の理解と協力を得て，個々の家庭の状況を十分把握した上で，一人一人の生徒の実態を踏まえた適切な学習活動を行うようにする。

(1) 自分の成長と家族・家庭生活
ア 自分の成長と家族や家庭生活との関わりが分かり，家族・家庭の基本的な機能について理解するとともに，家族や地域の人々と協力・協働して家庭生活を営む必要があることに気付くこと。

(内容の取扱い)

ア (1)のアについては，家族・家庭の基本的な機能がAからCまでの各内容に関わっていることや，家族・家庭や地域における様々な問題について，協力・協働，健康・快適・安全，生活文化の継承，持続可能な社会の構築等を視点として考え，解決に向けて工夫することが大切であることに気付かせるようにすること。

イ　(1)，(2)及び(3)については，相互に関連を図り，実習や観察，ロールプレイングなどの学習活動を中心とするよう留意すること。

（指導計画の作成）

(3) 家庭分野の内容の「A家族・家庭生活」の(1)については，小学校家庭科の学習を踏まえ，中学校における学習の見通しを立てさせるために，第1学年の最初に履修させること。

ここでは，自分の成長を振り返ることを通して，自分の成長と家族や家庭生活との関わりが分かり，家族・家庭の基本的な機能について理解するとともに，家族や地域の人々と協力・協働して家庭生活を営む必要があることに気付くことをねらいとしている。

この内容については，家庭分野のガイダンスとしての扱いと，A(2)「幼児の生活と家族」や(3)「家族・家庭や地域との関わり」との関連を図り学習を進める扱いの二つがある。

指導計画の作成に当たっては，次のことに留意する必要がある。

ガイダンスとしては，第1学年の最初に履修させ，これまでの家庭生活や小学校家庭科の学習を振り返ったり，家庭分野の学習のねらいや概要に触れたりして中学校3学年間の学習の見通しをもたせるようにする。また，家庭分野の「A家族・家庭生活」，「B衣食住の生活」，「C消費生活・環境」と関わらせ，家族・家庭の基本的な機能について理解できるようにする。さらに，家庭分野のAからCの内容を学習することは，一人一人の生活の自立や，家族や地域の人々と共に家庭生活を工夫し創造することにつながることが分かり，家庭分野の学習への期待と意欲をもつことができるようにする。

A(2)や(3)との関連を図り学習を進める際には，A(2)又は(3)の導入として，自分の成長を振り返るとともに，中学生の時期にある自分と家族・家庭生活との関わりについて考え，自分の成長や生活は，家族や家庭生活に関わる地域の人々に支えられていることに気付くようにする。

ア　自分の成長と家族や家庭生活との関わりが分かり，家族・家庭の基本的な機能について理解するとともに，家族や地域の人々と協力・協働して家庭生活を営む必要があることに気付くこと。

自分の成長と家族や家庭生活との関わりについては，中学生の自分がこれまで成長してきた過程を振り返り，自分の成長や生活は，家族や家庭生活に支えられてきたことを理解できるようにする。

家族・家庭の基本的な機能については，子供を育てる機能，心の安らぎを得るなどの精神的な機能，衣食住などの生活を営む機能，収入を得るなどの経済的な機能，生活文化を継承する機能などを理解できるようにする。その際，中学生までの自分の成長も，現在の生活も家族・家庭の基本的な機能が果たされることによって支えられていることが分かり，家族・家庭の重要性について理解できるようにする。これらの学習を通して，家庭は家族の生活の場であり，家族との関わりの中で衣食住や安全，保護，愛情などの基本的な要求を充足し，心の安定や安らぎを得ていることなどに気付くようにする。

家族や地域の人々と協力・協働して家庭生活を営む必要があることについては，家族や地域の人々が互いに助け合い，連携することにより，健康・快適・安全で環境に配慮した家庭生活が営まれることが分かり，家族や地域の人々と協力・協働する必要があることに気付くようにする。

なお，ここで言う協働するとは，中学生の自分と地域の人々が共に力を合わせて主体的に物事に取り組むことである。

指導に当たっては，例えば，物語などを活用して，自分の成長とそれに関わってきた人々について振り返ったり，家族・家庭の基本的な機能について話し合ったりする活動などが考えられる。その際，生徒によって家族構成や家庭生活の状況が異なることから，各家庭や生徒のプライバシーに十分配慮する。

また，家族・家庭の基本的な機能については，「Ｂ衣食住の生活」や「Ｃ消費生活・環境」との関連を図り，効果的な学習となるよう配慮する。

(2) 幼児の生活と家族
　ア　次のような知識を身に付けること。
　　(ｱ) 幼児の発達と生活の特徴が分かり，子供が育つ環境としての家族の役割について理解すること。
　　(ｲ) 幼児にとっての遊びの意義や幼児との関わり方について理解すること。
　イ　幼児とのよりよい関わり方について考え，工夫すること。

（内容の取扱い）

ウ　(2)については，幼稚園，保育所，認定こども園などの幼児の観察や幼児との触れ合いができるよう留意すること。アの(ｱ)については，幼児期における周囲との基本的な信頼関係や生活習慣の形成の重要性についても扱うこと。

ここでは，幼児の生活と家族について，課題をもって，幼児の発達と生活，幼児との関わり方に関する基礎的・基本的な知識を身に付け，それを支える家族の役割や遊びの意義について理解し，幼児との関わり方を工夫することができるようにすることをねらいとしている。

この学習では，(1)「自分の成長と家族・家庭生活」との関連を図り，効果的な学習となるよう配慮する。

ア(ア) 幼児の発達と生活の特徴が分かり，子供が育つ環境としての家族の役割について理解すること。

ここでは，幼児の心身の発達とそれを支える生活や，幼児期における周囲の人との基本的な信頼関係や生活習慣の形成の重要性が分かり，幼児にふさわしい生活を整える家族の役割について理解できるようにする。

幼児の発達の特徴については，身体の発育や運動機能，言語，認知，情緒，社会性などの発達の概要について理解できるようにする。また，これらの発達の方向性や順序性とともに，個人差があることを理解できるようにする。その際，認知については，ものの捉え方について扱い，幼児は自己中心的に物事を考えたり，生命のないものにも命や意識があると捉えたりするなどの特徴があることを理解できるようにする。

幼児の生活の特徴については，幼児は遊びを中心とした1日を過ごしており，昼寝をするなど全体の睡眠時間が長く，3回の食事以外にも間食をとるなどの生活リズムをもっていることを理解できるようにする。

また，食事，睡眠，排泄，着脱衣，清潔などの基本的な生活習慣については，生活の自立の基礎となるので，幼児の心身の発達に応じて，親をはじめ周囲の大人が適切な時期と方法を考えて身に付けさせる必要があることを理解できるようにする。さらに，あいさつや安全のルールなど，人との関わりや社会のきまりなどについても，適切な時期と方法を考えて身に付けさせる必要があることにも触れるようにする。

子供が育つ環境としての家族の役割については，幼児の心身の発達を支え，生活の自立に向けた生活習慣の形成を促すために，幼児にふさわしい生活を整える役割があることを理解できるようにする。その際，家庭生活の中で，親やそれに代わる人が愛情をもって接し，幼児との基本的な信頼関係を形成することが，その後の発達においても大切であることを理解できるようにする。また，幼児期は，基本的な信頼関係を基盤に，主体的に周囲に関わる体験を通して，心身の発達が促されることについても触れるようにする。

指導に当たっては，身近な幼児と幼児に関わる人々の観察や視聴覚教材の活用，ロールプレイングなどの学習活動を通して具体的に扱うよう配慮する。例えば，幼稚園や保育所，認定こども園などでの幼児の観察を通して，幼児の発達と生活の特徴について話し合う活動などが考えられる。また，親子の観察などを通して，幼児は周囲の人に保護され見守られて育ち，適切な保護や関わりが子供の成長に必要であることに気付くよう配慮する。

ア(イ) 幼児にとっての遊びの意義や幼児との関わり方について理解すること。

ここでは，幼児の生活や遊びを観察したり，一緒に遊んだりするなどの実践的・体験的な活動を通して，幼児にとっての遊びの意義や幼児との関わり方について理解できるようにする。

幼児にとっての遊びの意義については，幼児にとって遊びは生活そのものであり，身体の発育や運動機能，言語，認知，情緒，社会性などの発達を促すことや，特に成長に応じて友達と関わりながら遊ぶことが大切であることを理解できるようにする。

幼児の遊びについては，市販の玩具・遊具や絵本などを用いた遊び，自然の素材や身の回りのものを用いた遊び，言葉や身体を用いた遊びなど，様々な遊びがあることに気付くようにする。その際，例えば，絵本は言語や情緒の発達を促すなど，遊びの種類により促される発達が異なることを理解できるようにするとともに，安全な遊び道具についても触れるようにする。また，子供の成長にとっては，室内遊びだけでなく戸外での遊びも大切であることや，適切で十分な遊びを経験できる環境が重要であることを理解できるようにする。さらに，伝承遊びについても触れ，そのよさや日本の生活文化の継承にも関わることに気付くようにする。

幼児との関わり方については，幼児の発達や生活の特徴を踏まえ，幼児に応じた関わり方を考えることが大切であることを理解できるようにする。例えば，幼児と目の高さを合わせ，一人一人の話を丁寧に聞いたり，ゆっくりと分かりやすい言葉で話したりする必要があることなどを理解できるようにする。

また，幼児によって発達や基本的生活習慣の習得の程度，遊びの種類や遊び方，友達や大人との関わり方などが異なるため，観察を通して，対象とする幼児について理解を深めることが大切であることにも気付くようにする。幼児を観察する際には，幼児の表情や行動をよく見ながら言葉を聞き取るなどして，何に興味をもち，楽しんでいるのかなど，幼児の思いを読み取ることが大切であることに気付くようにする。

さらに，幼児と関わる際には，安全面や衛生面への配慮も必要であることを理解できるようにする。

指導に当たっては，幼児を観察したり，一緒に遊んだりするなどの直接的な体験を通して，遊びの意義や幼児との関わり方について実感を伴って理解できるよう配慮する。なお，幼児を実際に観察したり，触れ合ったりすることが難しい場合には，視聴覚教材を活用したり，ロールプレイングをしたりする活動などが考えられる。

イ　幼児とのよりよい関わり方について考え，工夫すること。

ここでは，幼児と触れ合う活動における幼児との関わり方についての課題を解決するために，アで身に付けた基礎的・基本的な知識を活用し，よりよい関わり方を考え，工夫することができるようにする。

課題については，幼児の心身の発達などを踏まえて，幼児との関わり方についての問題を見いだし，設定するようにする。

課題を解決するための方法については，幼児を観察したり，遊んだりするなどの直接的な体験などを通して，幼児の発達の状況や生活の様子，興味・関心に応じた関わり方を検討できるようにする。その際，既習事項や自分の生活経験と関連付けて考え，適切な解決方法を選び，実践に向けて具体的に計画を立てることができるようにする。

実践の評価・改善については，計画どおりに実践できたかどうかなどを振り返って評価し，実践発表会などを通して，改善方法について考えることができるようにする。幼児と触れ合う活動の記録をまとめたり，理解が深まったことや考えたことなどを報告したりすることを通して評価し，どのように改善したらよいかを考えることができるようにする。

指導に当たっては，幼児と触れ合う活動については，地域の幼稚園，保育所，認定こども園などと連携しながら，効果的に実施できるように工夫するとともに，幼児及び生徒の安全に配慮することが大切である。事前の打ち合わせを十分に行い，対象とする幼児の発達や興味などを把握して活動の計画を立てるようにし，体験後に記録をまとめたり，話し合ったりして振り返りを十分行うようにする。

また，地域の実態に応じて，子育て支援などの関係機関や子育てサークルの親子などとの触れ合いや，教室に幼児を招いての触れ合いを工夫するなど，可能な限り直接的な体験ができるよう留意する。さらに，幼児と触れ合うことの楽しさやよさを実感できるよう配慮する。

例えば，幼稚園，保育所，認定こども園などで，幼児が遊んでいる遊び道具や身体を使って一緒に遊んだり，絵本を読んだりする中で，幼児との関わり方を工夫する活動などが考えられる。

(3) 家族・家庭や地域との関わり
ア 次のような知識を身に付けること。
(ｱ) 家族の互いの立場や役割が分かり，協力することによって家族関係をよりよくできることについて理解すること。
(ｲ) 家庭生活は地域との相互の関わりで成り立っていることが分かり，高齢者など地域の人々と協働する必要があることや介護など高齢者との関わり方について理解すること。
イ 家族関係をよりよくする方法及び高齢者など地域の人々と関わり，協働する方法について考え，工夫すること。

(内容の取扱い)

エ (3)のアの(ｲ)については，高齢者の身体の特徴についても触れること。また，高齢者の介護の基礎に関する体験的な活動ができるよう留意すること。イについては，地域の活動や行事などを取り上げたり，他教科等における学習との関連を図ったりするよう配慮すること。

ここでは，家族・家庭や地域との関わりについて，課題をもって，家族の立場や役割，家庭生活と地域との関わりについて理解し，家族関係や高齢者との関わり方に関する基礎的・基本的な知識を身に付け，家族関係をよりよくする方法及び高齢者など地域の人々と関わり，協働する方法を考え，工夫することができるようにすることをねらいとしている。

この学習では，(1)「自分の成長と家族・家庭生活」との関連を図り，効果的な学習となるよう配慮する。

ア(ｱ) 家族の互いの立場や役割が分かり，協力することによって家族関係をよりよくできることについて理解すること。

ここでは，家族の互いの立場や役割が分かり，それらを踏まえて家族が協力することによって家族関係をよりよくできることについて理解できるようにする。

家族の互いの立場や役割については，自分自身を含め家族にはそれぞれの立場や役割があることを理解できるようにする。

協力することによって家族関係をよりよくできることについては，家族一人一人が，互いの立場や役割の違いを踏まえて協力することで家族関係がよりよくなることを理解できるようにする。また，家族の一員として家族関係をよりよくするために協力できることがあることに気付くようにする。その際，これからの自分の生活に関心をもち，将来の家庭生活や家族との関わりに期待をもてるようにする。

指導に当たっては，例えば，物語などを活用したり，ロールプレイングをしたりして，様々な場面での家族とのコミュニケーションを取り上げ，協力することの大切さについて話し合う活動などが考えられる。その際，生徒によって家族構成や家庭生活の状況が異なることから，各家庭や生徒のプライバシーに十分配慮する。

ア(イ) 家庭生活は地域との相互の関わりで成り立っていることが分かり，高齢者など地域の人々と協働する必要があることや介護など高齢者との関わり方について理解すること。

ここでは，自分の生活を支える家庭生活が地域との相互の関わりで成り立っていることが分かり，高齢者など地域の人々と協働する必要があることや，高齢者の身体の特徴を踏まえた関わり方について理解できるようにする。

家庭生活は地域との相互の関わりで成り立っていることについては，例えば，地域の祭りなどの行事や，清掃，防災訓練等の活動によって，家庭生活が支えられていることや，自分や家族もそれらに関わることで地域を支えていることが分かるようにする。

高齢者など地域の人々と協働する必要があることについては，中学生の自分は支えられるだけではなく，家族や地域の一員として支える側になることができることが分かり，地域でのルールやマナーを守ったり，仕事を分担したりするなど，進んで協働することが必要であることを理解できるようにする。

介護など高齢者との関わり方については，視力や聴力，筋力の低下など中学生とは異なる高齢者の身体の特徴が分かり，それらを踏まえて関わる必要があることを理解できるようにする。また，介護については，家庭や地域で高齢者と関わり協働するために必要な学習内容として，立ち上がりや歩行などの介助の方法について扱い，理解できるようにする。この学習は，高等学校家庭科における高齢者の介護に関する学習につなげるようにする。

指導に当たっては，地域の行事や活動などを取り上げ，家庭生活と地域との関わりについて振り返ることができるよう配慮する。例えば，高齢者など地域の人々にインタビューして家庭生活と地域との関わりについて調べたり，自分が地域の人々とともにできることについて話し合ったりする活動などが考えられる。

また，高齢者との関わり方については，介護の基礎に関する体験的な活動を通して，実感を伴って理解できるよう配慮する。例えば，生徒がペアを組み，立ち上がりや歩行などの介助を体験し，介助する側とされる側の気持ちや必要な配慮について話し合う活動などが考えられる。また，高齢者の介護の専門家などから介助の仕方について話を聞く活動なども考えられる。さらに，他教科等の学習における体験と関連付けることも考えられる。

なお，地域の状況を十分に把握した上で，地域の人々の理解と協力を得て，適切な学習活動を行うようにする。また，地域の人々のプライバシーにも十分配慮する。

イ　家族関係をよりよくする方法及び高齢者など地域の人々と関わり，協働する方法について考え，工夫すること。

ここでは，家族関係をよりよくする方法や，高齢者など地域の人々と関わり協働する方法についての課題を解決するために，アで身に付けた基礎的・基本的な知識を活用し，協力・協働などの視点から，家族や地域の人々との関わりについて考え，工夫することができるようにする。

家族関係をよりよくする方法については，中学生にとって身近な家族関係に関する問題を見いだし，課題を設定するようにする。解決方法については，生徒が各自の生活経験についての意見交換などを通して，どのようにすれば家族関係をよりよくすることができるかについて検討できるようにする。

高齢者など地域の人々と関わり，協働する方法については，中学生の身近な地域の生活の中から，主に高齢者など地域の人々との関わりについての問題を見いだし，課題を設定するようにする。解決方法については，生徒が各自の生活経験についての意見交換などを通して，中学生の自分が，地域の一員として，どのようにすれば高齢者など地域の人々とよりよく関わり，協働することができるかについて検討できるようにする。

いずれの場合にも，既習事項や自分の生活経験と関連付けて考え，適切な解決方法を選び，実践に向けて具体的に計画を立てることができるようにする。

実践の評価・改善については，計画どおりに実践できたかどうかなどを振り返って評価し，実践発表会などを通して，改善方法について考えることができるようにする。

指導に当たっては，生徒が協力・協働を視点として，家族関係や高齢者など地域の人々に関わる課題を設定し，その解決方法について話し合うことを通して，自分の考えを明確にしたり，他者と意見を共有して互いに深めたりできるよう配慮する。例えば，家族関係をよりよくする方法については，生徒に身近な事例を取り上げて課題を設定し，家族と協力する方法を検討する活動などが考えられる。

また，高齢者など地域の人々と関わり協働する方法については，地域との連携を図り，地域の祭りなどの行事や，清掃，防災訓練等の活動を取り上げて，中学生の自分が，地域の人々と協働するための方法を検討する活動などが考えられる。その際，高齢者との適切な関わり方について，身体の特徴などを踏まえて話し合う活動なども考えられる。

なお，家庭や地域の状況を十分把握した上で，家庭や地域の協力を得るようにするとともに，各家庭や生徒，地域の人々のプライバシーにも十分配慮する。
この学習では，他教科等の学習における体験との関連を図るよう配慮する。

(4) 家族・家庭生活についての課題と実践
ア　家族，幼児の生活又は地域の生活の中から問題を見いだして課題を設定し，その解決に向けてよりよい生活を考え，計画を立てて実践できること。

（指導計画の作成）

(2) 家庭分野の内容の「A家族・家庭生活」の(4),「B衣食住の生活」の(7)及び「C消費生活・環境」の(3)については，これら三項目のうち，一以上を選択し履修させること。その際，他の内容と関連を図り，実践的な活動を家庭や地域などで行うことができるよう配慮すること。

ここでは，(1)から(3)の学習を基礎とし，「B衣食住の生活」や「C消費生活・環境」との関連を図り，家族，幼児の生活又は地域の生活の中から問題を見いだして課題を設定し，様々な解決方法を考え，計画を立てて実践した結果を評価・改善し，考察したことを論理的に表現するなどの学習を通して，課題を解決する力と生活を工夫し創造しようとする実践的な態度を養うことをねらいとしている。

ア　家族，幼児の生活又は地域の生活の中から問題を見いだして課題を設定し，その解決に向けてよりよい生活を考え，計画を立てて実践できること。

家族，幼児の生活又は地域の生活の中から問題を見いだして課題を設定しについては，(1)から(3)の項目それぞれの指導事項ア及びイで身に付けた知識や生活経験などを基に問題を見いだし，生徒の興味・関心等に応じて「B衣食住の生活」や「C消費生活・環境」の内容と関連させて課題を設定できるようにする。

その解決に向けてよりよい生活を考え，計画を立てて実践できることについては，設定した課題に関わり，これまでの学習で身に付けた知識及び技能などを活用して，計画を立てて家庭や地域などで実践できるようにする。

また，実践後は，課題解決に向けた一連の活動を振り返って評価し，更によりよい生活にするための新たな課題を見付け，次の実践につなげることができるようにする。

指導に当たっては，生活を見直して課題を設定し，計画，実践，評価・改善という一連の学習活動を重視し，問題解決的な学習を進めるようにする。その際，計画をグループで発表し合ったり，実践発表会を設けたりするなどの活動を工夫して，効果的に実践できるよう配慮する。また，家庭や地域社会との連携を図り，実践的な活動を行うことができるよう配慮するとともに，家庭や地域で実践する意義についても気付くことができるようにする。

例えば，A(2)「幼児の生活と家族」とB(3)「日常食の調理と地域の食文化」との関連を図り，幼児のための間食を作ることを課題として設定したり，B(5)「生活を豊かにするための布を用いた製作」との関連を図り，幼児の遊び道具を製作することを課題として設定したりして，計画を立てて実践する活動などが考えられる。また，A(3)「家族・家庭や地域との関わり」とC(1)「金銭の管理と購入」や(2)「消費者の権利と責任」との関連を図り，地域の行事等で中学生ができることを課題として設定し，必要な物の購入やごみの減量化について計画を立てて，実践する活動などが考えられる。

（内容の取扱い）

(1) 各内容については，生活の科学的な理解を深めるための実践的・体験的な活動を充実すること。

この内容の学習については，幼児の心身の発達や遊び，高齢者の身体の特徴などについて科学的な理解を深めるために，調査や観察，実習などの実践的・体験的な活動を充実することが大切である。例えば，幼児の心身の発達や遊びについて調査し，観察する活動などが考えられる。

B　衣食住の生活

「衣食住の生活」の内容は，全ての生徒に履修させる(1)「食事の役割と中学生の栄養の特徴」，(2)「中学生に必要な栄養を満たす食事」，(3)「日常食の調理と地域の食文化」，(4)「衣服の選択と手入れ」，(5)「生活を豊かにするための布を用いた製作」，(6)「住居の機能と安全な住まい方」と，生徒の興味・関心や学校，地域の実態等に応じて選択して履修させる(7)「衣食住の生活についての課題と実践」の7項目で構成されている。このうち，(1)から(3)までは食生活，(4)及び(5)は衣生活，(6)は住生活に係る項目である。

ここでは，課題をもって，健康・快適・安全で豊かな食生活，衣生活，住生活に向けて考え，工夫する活動を通して，食生活，衣生活，住生活に関する知識及び技能を身に付け，これからの生活を展望して，それらの課題を解決する力を養い，衣食住の生活を工夫し創造しようとする実践的な態度を育成することをねらいとしている。

このねらいを実現するため，(1)から(6)までの項目はそれぞれ指導事項ア及びイで構成されている。指導事項のアは，衣食住それぞれの生活に関する「知識及び技能」について示したものである。また，いずれの内容においてもその役割や機能の理解から始まる構成としている。指導事項のイは，「思考力，判断力，表現力等」について示したものであり，アで身に付けた「知識及び技能」を生活で活用できるようにすることを意図している。

(7)の項目の指導事項は，アのみで構成されているが，(1)から(6)までの学習を基礎とし，生活の中から問題を見いだして課題を設定し，その解決に向けて計画を立てて実践できるようにすることを意図している。

これらの七つの項目の冒頭では，次のように示している。

次の(1)から(7)までの項目について，課題をもって，健康・快適・安全で豊かな食生活，衣生活，住生活に向けて考え，工夫する活動を通して，次の事項を身に付けることができるよう指導する。

これは，目標(2)に示す学習過程を踏まえ，課題をもって考え，工夫する活動を通して，指導事項ア及びイについて関連を図って取り扱うことを明確にしたものである。また，「生活の営みに係る見方・考え方」と関わって，「B衣食住の生活」において考察する主な視点についても示している。

今回の改訂では，小・中・高等学校の内容の系統性，及び学習対象の明確化を踏まえ，生活の自立に必要な衣食住に係る知識及び技能を確実に身に付けることができるようにしている。また，食生活，衣生活，住生活を総合的に捉え，「生活の営みに係る見方・考え方」を働かせ，健康・快適・安全で豊かな生活を営んだり，生活文化を継承したりする視点から，衣食住の生活に係る課題を解決する力を養い，実践できるようにすることを意図している。

内容の指導に当たっては，小学校家庭科で学習した「B衣食住の生活」の(1)「食事の役割」，(2)「調理の基礎」，(3)「栄養を考えた食事」，(4)「衣服の着用と手入れ」，(5)「生活を豊かにするための布を用いた製作」，(6)「快適な住まい方」に関する基礎的・基本的な知識及び技能などを基盤にして，適切な題材を設定し，「A家族・家庭生活」や「C消費生活・環境」の内容と関連を図り，家庭生活を総合的に捉えられるよう配慮する。また，食事の役割，衣服の機能，住居の機能を取り上げる際には，「A家族・家庭生活」の(1)の家族・家庭の基本的な機能と関連させ，健康・快適・安全，生活文化の継承などの視点から考えることが大切であることに気付くようにする。

(7)「衣食住の生活についての課題と実践」では，「A家族・家庭生活」や「C消費生活・環境」との関連を図り，実践的な活動を家庭や地域などで行うことができるよう配慮する。

なお，家庭や地域社会と積極的に連携を図り，生徒が身に付けた知識及び技能などを生活に活用し，実践できるよう配慮する。その際，生徒によって家庭の状況が異なることから，各家庭や生徒のプライバシーに十分配慮しながら取り扱うようにする。

食生活

「食生活」の内容は，(1)「食事の役割と中学生の栄養の特徴」，(2)「中学生に必要な栄養を満たす食事」，(3)「日常食の調理と地域の食文化」の３項目で構成されている。

ここでは，課題をもって，健康・安全で豊かな食生活に向けて考え，工夫する活動を通して，中学生に必要な栄養の特徴や健康によい食習慣，栄養素や食品の栄養的な特質，食品の種類と概量，献立作成，食品の選択と調理などに関する知識及び技能を身に付け，これからの生活を展望して，食生活の課題を解決する力を養い，食生活を工夫し創造しようとする実践的な態度を育成することをねらいとしている。

今回の改訂では，小学校と中学校の内容の系統性を図り，小・中学校ともに食事の役割，栄養・献立，調理の三つの内容とし，基礎的・基本的な知識及び技能を確実に習得できるようにしている。特に，調理の学習については，義務教育段階における基礎的・基本的な知識及び技能の習得のため，小学校での「ゆでる，いためる」に加え，「煮る，焼く，蒸す等」の調理方法を扱うこととしている。

また，日本の食文化への理解を深めるために，地域の食材を用いた調理として和食を扱うこととしている。

内容の指導に当たっては，小学校家庭科で学習した「Ｂ衣食住の生活」の(1)「食事の役割」，(2)「調理の基礎」，(3)「栄養を考えた食事」に関する基礎的・基本的な知識及び技能などを基盤にして，(1)，(2)，(3)の項目を相互に関連させて適切な題材を設定し，総合的に展開できるよう配慮する。

また，食事の役割を取り上げる際には，「Ａ家族・家庭生活」の(1)の家族・家庭の基本的な機能と関連させ，健康・快適・安全，生活文化の継承などの視点から考えることが大切であることに気付くようにする。

さらに，理科，保健体育科等の他教科等の学習と関連を図るために，指導の時期等についても配慮する。食育については，小学校における学習を踏まえ，他教科等との連携や学校給食との関連を図るとともに，高等学校家庭科との円滑な接続のために，基礎的・基本的な知識及び技能の確実な定着を図るよう配慮する。

(1) 食事の役割と中学生の栄養の特徴
　ア　次のような知識を身に付けること。
　　(ｱ) 生活の中で食事が果たす役割について理解すること。
　　(ｲ) 中学生に必要な栄養の特徴が分かり，健康によい食習慣について理解すること。
　イ　健康によい食習慣について考え，工夫すること。

（内容の取扱い）

イ　(1)のアの(ｱ)については，食事を共にする意義や食文化を継承することについても扱うこと。

ここでは，食事の役割と中学生の栄養の特徴について，課題をもって，食事が果たす役割や中学生に必要な栄養の特徴，健康によい食習慣に関する基礎的・基本的な知識を身に付け，健康のために食習慣を工夫することができるようにすることをねらいとしている。

この学習では，特別活動〔学級活動〕「食育の観点を踏まえた学校給食と望ましい食習慣の形成」の学習との関連を図るよう配慮する。

ア(ｱ) 生活の中で食事が果たす役割について理解すること。

ここでは，日常の食生活を振り返ることを通して，生活の中で食事が果たす役割を理解できるようにする。

生活の中で食事が果たす役割については，小学校における健康の保持増進，成長などの食事の役割の学習を踏まえ，食事を共にすることが人間関係を深めたり，偏食を改善し，栄養のバランスのよい食事にもつながったりすること，行事食や郷土料理など，食事が文化を伝える役割もあることを理解できるようにする。

その際，共食については，孤食との比較から，その重要性に気付くとともに，食事を共にするためには，小学校で学習した楽しく食べるための工夫が必要であることに気付くようにする。

また，食品の不適切な扱いによっては，食中毒などにより健康を損ねたり，生命の危険にもつながったりすることから，健康で安全な食生活を営むためには，調理における食品の衛生的な扱いに関する知識及び技能を習得する必要があることにも気付くようにする。さらに，日常の食生活の在り方が環境に与える影響についても気付くようにする。

指導に当たっては，食生活調べや話合いなどの活動を通して，食事の役割について具体的に理解できるよう配慮する。例えば，毎日の食事や様々な行事などでの食事場面を振り返り，その時の様子や気持ちを思い出して，生活の中で食事が果たす役割を考えたり，小学校家庭科や保健体育科等との関連を図り，食事と健康に関する調査結果等を活用して，食事が果たす役割を考えたりする活動などが考えられる。

なお，食生活調べなど生徒の家庭での食事を取り上げる場合には，生徒のプライバシーに十分配慮する。

ア(イ) 中学生に必要な栄養の特徴が分かり，健康によい食習慣について理解すること。

ここでは，中学生の身体的な特徴等を踏まえ，中学生に必要な栄養の特徴や心身の健康によい食習慣について理解できるようにする。

中学生に必要な栄養の特徴については，身体の成長が盛んで活動が活発な時期であるため，エネルギー及びたんぱく質やカルシウムなどの栄養素を十分に摂取する必要があることが分かり，日常生活で栄養的に過不足のない食事をとる必要があることを理解できるようにする。また，健康の保持増進と成長のために必要なエネルギーや栄養素の摂取量の基準が食事摂取基準に示されていることが分かるようにする。

なお，中学生に必要な栄養の考え方が，高等学校におけるライフステージ別の栄養の特徴の学習につながることにも触れるようにする。

健康によい食習慣については，欠食や偏食を避け，栄養のバランスがよい食事をとることや１日３食を規則正しくとることの重要性について理解するとともに，健康によい食習慣を身に付け，日常生活において実践することの大切さにも気付くようにする。

また，健康の保持増進のためには，食事に加え，運動，休養も重要な要素であることを理解し，適度な運動量を確保しながら，食事で必要な栄養量をとることが大切であることに気付くようにする。

指導に当たっては，調査や話合いなどを取り入れたり，視聴覚教材などを活用したりして具体的に理解できるよう配慮する。例えば，身長や体重などの身体的発達の変化と食事摂取基準などから，中学生に必要な栄養の特徴について調べる活動などが考えられる。また，１日の食事場面がイメージできる視聴覚教材などを活用して，健康によい食習慣について話し合う活動などが考えられる。

この学習では，理科〔第２分野〕「生物の体のつくりと働き」や保健体育科〔保健分野〕「健康な生活と疾病の予防」の学習などとの関連を図るよう配慮する。

イ　健康によい食習慣について考え，工夫すること。

ここでは，自分の食習慣についての課題を解決するために，アで身に付けた基礎的・基本的な知識を活用し，健康などの視点からよりよい食習慣について考え，工夫することができるようにする。

課題については，生徒の身近な生活の中から，食事の仕方に関する問題を見いだし，設定するようにする。

解決方法については，コンピュータなどの情報手段を活用して調べたり，各自の生活経験についての意見交換をしたりすることなどを通して，健康のためのよりよい食習慣について検討できるようにする。その際，家庭分野及び他教科等の既習事項や，自分の生活経験と関連付けて考え，適切な解決方法を選び，実践に向けて具体的に計画を考えることができるようにする。

指導に当たっては，生徒が，健康などを視点として，自分の食習慣について課題を設定し，その解決方法を話し合い，自分の考えを明確にしたり，他者と意見を共有して互いの考えを深めたりできるよう配慮する。

例えば，一週間の生活時間と食事内容を振り返り，栄養のバランスや運動，休養について問題を見いだして課題を設定し，それを改善する方法について考える活動などが考えられる。その際，食事の内容については，(2)「中学生に必要な栄養を満たす食事」の学習と関連を図って行うことも考えられる。

なお，生徒の家庭での食事を取り上げる場合には，生徒のプライバシーに十分配慮する。

(2) 中学生に必要な栄養を満たす食事
ア 次のような知識を身に付けること。
(ｱ) 栄養素の種類と働きが分かり，食品の栄養的な特質について理解すること。
(ｲ) 中学生の１日に必要な食品の種類と概量が分かり，１日分の献立作成の方法について理解すること。
イ 中学生の１日分の献立について考え，工夫すること。

（内容の取扱い）

ウ (2)のアの(ｱ)については，水の働きや食物繊維についても触れること。

ここでは，中学生に必要な栄養を満たす食事について，課題をもって，栄養素や食品の栄養的な特質，中学生の１日に必要な食品の種類と概量，１日分の献立作成に関する基礎的・基本的な知識を身に付け，中学生の１日分の献立を工夫することができるようにすることをねらいとしている。

この学習では，(3)「日常食の調理と地域の食文化」における調理実習との関連を図るよう配慮する。

ア(ｱ) 栄養素の種類と働きが分かり，食品の栄養的な特質について理解すること。

ここでは，小学校における五大栄養素の基礎的事項を踏まえ，いろいろな栄養素が相互に関連し合い健康の保持増進や成長のために役立っていることを理解するとともに，食品には複数の栄養素が様々な割合で含まれており，その栄養的な特質によって食品群に分類されることを理解できるようにする。

栄養素の種類と働きについては，次のことを理解できるようにする。

・炭水化物と脂質は，主として体内で燃焼してエネルギーになること。

・たんぱく質は，主として筋肉，血液などの体を構成する成分となるだけでなく，エネルギー源としても利用されること。

・無機質には，カルシウムや鉄などがあり，カルシウムは骨や歯の成分，鉄は血液の成分となるなどの働きと，体の調子を整える働きがあること。

・ビタミンには，A，B_1，B_2，C，Dなどの種類があり，いずれも体の調子を整える働きがあること。

また，食物繊維は，消化されないが，腸の調子を整え，健康の保持のために必要であること，水は，五大栄養素には含まれないが，人の体の約60%は水分で構成されており，生命維持のために必要な成分であることにも触れるようにする。

食品の栄養的な特質については，食品に含まれる栄養素の種類と量など栄養的な特質によって，食品は食品群に分類されることを理解できるようにする。なお，食品に含まれる栄養素の種類と量については，日本食品標準成分表に示されていることが分かるようにする。

指導に当たっては，調査や話合いなどを取り入れたり，デジタル教材などを活用したりして，栄養素に関心をもたせるよう配慮する。また，食品群については，小学校で学習した栄養素の体内での主な三つの働きとの系統性を考慮して扱うよう配慮する。

例えば，栄養素の種類と働きについては，運動をした後の体の状態を思い出し，活動に必要な栄養素や水分について調べたり，体の成長に必要な栄養素を調べたりする活動などが考えられる。また，学校給食や弁当の献立，家庭での食事などに使われている食品の栄養成分を日本食品標準成分表を用いて調べたり，それらの食品を食品群に分類したりして，食品の栄養的な特質を確認する活動などが考えられる。

この学習では，理科〔第２分野〕「生物の体のつくりと働き」の学習と関連させて，栄養素の種類と働きについて理解させることも考えられる。

ア(ｲ) 中学生の１日に必要な食品の種類と概量が分かり，１日分の献立作成の方法について理解すること。

ここでは，アの(ｱ)で学習する食品群を用いて，中学生の１日に必要な食品の種類と概量が分かり，中学生に必要な栄養量を満たす１日分の献立作成の方法について理解できるようにする。

中学生の１日に必要な食品の種類と概量については，１日に必要な栄養量を食品群別に食品の量で置き換えて示した食品群別摂取量の目安があることが分かるようにする。中学生の１日に必要な食品の概量については，食品群別摂取量の目安で示されている量を，実際に食べている食品の概量で分かるようにする。

1日分の献立作成の方法については，小学校で学習した1食分の献立の学習を踏まえ，中学生に必要な栄養量を満たす1日分の献立作成の方法を理解できるようにする。具体的には，主食，主菜，副菜などの料理の組合せで考え，さらに，食品群別摂取量の目安に示されている食品の種類と概量を踏まえて，料理に使われる食品の組合せを工夫し，栄養のバランスがよい献立に修正するという手順を理解できるようにする。

指導に当たっては，実際の食品を食品群に分類したり，計量したりするなどの活動を通して，1日に必要な食品の概量を実感できるよう配慮する。また，食品群別摂取量の目安などの細かな数値にとらわれるのではなく，食事を食品の概量で捉えられるよう配慮する。例えば，給食の献立や料理カード，デジタル教材などを活用して，1日3食分の献立を作成し，その栄養のバランスや中学生に必要な1日分の食事の量を食品群別摂取量の目安を用いて確認する活動などが考えられる。

なお，献立を考える際には，栄養，嗜好（しこう），調理法，季節，費用などの点から検討する必要があるが，ここでは主に栄養を考えた食品の組合せを中心に指導する。

この学習では，特別活動〔学級活動〕「食育の観点を踏まえた学校給食と望ましい食習慣の形成」の学習との関連を図るよう配慮する。

イ　中学生の1日分の献立について考え，工夫すること。

ここでは，中学生に必要な栄養を満たす食事についての課題を解決するために，アで身に付けた基礎的・基本的な知識を活用し，中学生の1日分の献立について健康などの視点から考え，工夫することができるようにする。

課題については，生徒の身近な生活の中から，1日分の食事内容に関する問題を見いだし，設定するようにする。

献立の改善方法については，コンピュータなどの情報手段や，料理カード，デジタル教材などを活用して調べたり，グループで交流し合ったりする活動を通して，中学生に必要な栄養を満たす1日分の献立について検討できるようにする。その際，家庭分野及び他教科等の既習事項や，自分の生活経験と関連付けて考え，適切な改善方法を選び，具体的に献立を作成することができるようにする。

献立の評価・改善については，献立作成において考えたことや工夫したことなどを振り返って評価し，発表し合う活動などを通して，どのように改善したらよいかを考えることができるようにする。

指導に当たっては，1日3食のうち幾つかを指定して残りの献立を立案するなど，1日分の献立について全体的な栄養のバランスを考えることができるよう配慮する。例えば，(3)「日常食の調理と地域の食文化」のアの(ｳ)や(ｴ)との関連を図り，実習する献立や伝統的な郷土料理，自分で作る昼食の弁当の献立を中心に１日分の献立を考える活動などが考えられる。また，学校給食が実施されている学校では，給食の献立を活用することが考えられる。

なお，生徒の家庭の食事を取り上げる場合は，生徒のプライバシーに十分配慮する。

(3) 日常食の調理と地域の食文化

ア　次のような知識及び技能を身に付けること。

(ｱ) 日常生活と関連付け，用途に応じた食品の選択について理解し，適切にできること。

(ｲ) 食品や調理用具等の安全と衛生に留意した管理について理解し，適切にできること。

(ｳ) 材料に適した加熱調理の仕方について理解し，基礎的な日常食の調理が適切にできること。

(ｴ) 地域の食文化について理解し，地域の食材を用いた和食の調理が適切にできること。

イ　日常の１食分の調理について，食品の選択や調理の仕方，調理計画を考え，工夫すること。

（内容の取扱い）

エ　(3)のアの(ｱ)については，主として調理実習で用いる生鮮食品と加工食品の表示を扱うこと。(ｳ)については，煮る，焼く，蒸す等を扱うこと。また，魚，肉，野菜を中心として扱い，基礎的な題材を取り上げること。(ｴ)については，だしを用いた煮物又は汁物を取り上げること。また，地域の伝統的な行事食や郷土料理を扱うこともできること。

ここでは，日常食の調理と地域の食文化について，課題をもって，食品の選択と調理，地域の食文化に関する基礎的・基本的な知識及び技能を身に付け，日常食又は地域の食材などを生かした調理を工夫することができるようにすることをねらいとしている。

そのために，特に調理については，小学校での学習を踏まえ，１食分の献立を手順を考えながら調理することができるよう配慮するとともに，安全と衛生に留意して食品や調理用具等の適切な管理ができるようにする。

この学習では，適切な題材を設定し，(2)「中学生に必要な栄養を満たす食事」との関連を図り，総合的に展開できるよう配慮する。

また，「C消費生活・環境」の(1)「金銭の管理と購入」や(2)「消費者の権利と責任」の学習との関連を図って扱うことも考えられる。

さらに，特別活動〔学級活動〕「食育の観点を踏まえた学校給食と望ましい食習慣の形成」の学習などとの関連を図るよう配慮する。

ア(ｱ) 日常生活と関連付け，用途に応じた食品の選択について理解し，適切にできること。

ここでは，日常よく用いられている食品の品質を外観や表示などから見分けることができるようにするとともに，日常生活と関連付け，用途に応じて適切に選択ができるようにする。

用途に応じた食品の選択については，目的，栄養，価格，調理の能率，環境への影響などの諸条件を考えて選択することが大切であることを理解できるようにする。

生鮮食品については，調理実習で用いる魚，肉，野菜などの食品を取り上げ，鮮度や品質の見分け方について理解し，選択できるようにする。また，原産地などの表示も参考に選択できるようにする。

加工食品については，身近なものを取り上げ，その原材料や食品添加物，栄養成分，アレルギー物質，期限，保存方法などの表示を理解して用途に応じた選択ができるようにする。

また，生鮮食品と加工食品との比較から，加工食品の種類やその意義についても触れ，加工食品を適切に利用するために表示を理解することが必要であることに気付くようにする。

なお，食品添加物や残留農薬，放射性物質などについては，基準値を設けて，食品の安全を確保する仕組みがあることにも触れるようにする。

指導に当たっては，(3)のアの(ｲ)，(ｳ)又は(ｴ)との関連を図り，調理実習で使用する食品の選択について調査する活動などを取り入れ，生徒が主体的に考えることができるよう配慮する。例えば，調理実習で使用する生鮮食品や加工食品の表示調べをしたり，手作りのものと市販の加工食品などを比較して用途に応じた選択について話し合ったりする活動などが考えられる。

ア(ｲ) 食品や調理用具等の安全と衛生に留意した管理について理解し，適切にできること。

ここでは，魚，肉，野菜を中心に日常よく用いられる食品や調理用具等を取り上げ，安全と衛生に留意した取扱い方を理解し，適切に管理できるようにする。

食品の安全と衛生に留意した管理については，(3)「日常食の調理と地域の食文化」のアの(ｱ)との関連を図り，調理実習のために購入した食品の適切な取扱いを理解し，できるようにする。特に，魚や肉などの生の食品については，食中毒の予防のために，安全で衛生的に取り扱うことができるようにする。食品の保存方法と保存期間の関係については，食品の腐敗や食中毒の原因と関連付けて理解できるようにする。また，ごみを適切に処理できるようにする。

調理用具等の安全と衛生に留意した管理については，調理実習に用いる用具を中心に正しい使い方を理解し，安全に取り扱うことができるようにする。特に，小学校での学習を踏まえ，ふきんやまな板の衛生的な取扱いや包丁などの刃物の安全な取扱いができるようにする。

調理用の熱源については，主に電気とガスの特徴を理解し，電気やガス用の器具を効率よく安全に取り扱うことができるようにする。特に，小学校での学習を踏まえ，熱源の周囲の片付けや換気の必要性を確認し，使用後の後始末については，ガスの元栓の閉め忘れや電源の切り忘れがないようにする。

ア(ウ) 材料に適した加熱調理の仕方について理解し，基礎的な日常食の調理が適切にできること。

ここでは，生徒や学校，地域の実態に応じて魚，肉，野菜などを用いた題材を設定し，材料に適した加熱調理の仕方について理解し，基礎的な日常食の調理ができるようにする。

実習の題材については，基本的な調理操作や食品の衛生的な扱い方が習得できる基礎的なものとする。

材料に適した加熱調理の仕方については，小学校で学習したゆでる，いためる調理に加え，煮る，焼く，蒸す等を次の点に重点を置いて扱うこととする。いずれの調理も火加減の調節が大切であることを理解し，加熱器具を適切に操作して魚，肉，野菜などを用いた基礎的な日常食の調理ができるようにする。煮るについては，材料の種類や切り方などによって煮方が異なること，調味の仕方が汁の量によって異なることなどを理解できるようにする。焼くについては，直火焼き，フライパンやオーブンなどを用いた間接焼きがあり，それぞれ特徴があることを理解できるようにする。蒸すについては，ゆでる，いためる調理などと比較することにより，水蒸気で加熱する蒸し調理の特徴を理解できるようにする。その際，野菜やいも類などを蒸したり，小麦粉を使った菓子を調理したりするなど，基礎的な調理を扱うようにする。

魚や肉については，加熱することで衛生的で安全になることが分かり，中心まで火を通す方法を理解し，できるようにする。また，魚の種類や肉の部位等によって調理法が異なることや主な成分であるたんぱく質が加熱によって変性・凝固し，硬さ，色，味，においが変化するため，調理の目的に合った加熱方法が必要であることを理解できるようにする。

野菜については，小学校での学習を踏まえ，生食できること，食塩をふると水分が出てしなやかになること，加熱すると組織が軟らかくなることなどを理解できるようにする。野菜の切り口が変色することや，緑黄色野菜は加熱のしすぎなどによって色が悪くなることなどについても触れ，それを防止する方法を理解できるようにする。また，(2)「中学生に必要な栄養を満たす食事」のアの(イ)の食品の概量の把握と関連させ，青菜などの野菜は加熱によってかさが減り，食べやすくなることも理解できるようにする。

さらに，その他の食品として卵やいも類などの身近なものを取り上げ，魚や肉，野菜と組み合わせるなどして題材とする。その際，例えば，卵については，主な成分であるたんぱく質が加熱によって凝固することを利用して，様々な調理に用いられていることを理解し，適切に調理できるようにする。

調理操作に関しては，衛生的な観点などから食品によって適切な洗い方があることを理解させるとともに排水などの問題についても触れるようにする。切り方については，安全な包丁の使い方を知り，食べられない部分を切除し，食べやすさ，加熱しやすさ，調味料のしみ込みやすさ，見た目の美しさなどを考えて適切に切ることができるようにする。

調味については，食塩，みそ，しょうゆ，さとう，食酢，油脂などを用いて，調理の目的に合った調味ができるようにする。その際，計量器の適切な使用方法についても触れるようにする。

盛り付けや配膳については，料理の外観がおいしさに影響を与えることを理解させ，料理の様式に応じた方法でできるようにする。

調理実習に際しては，調理に必要な手順や時間を考えて計画を立てて行い，調理の後始末の仕方や実習後の評価も含めて学習できるようにする。また，安全と衛生に留意した調理ができるようにするとともに，調理することの喜びを味わい，自ら調理することによって食生活に対する関心を高め，日常生活における実践につなげることができるようにする。

指導に当たっては，1品の調理実習を行う場合においても，1食分の献立例を考え，(2)「中学生に必要な栄養を満たす食事」の学習と関連付け，栄養のバランスを確認できるよう配慮する。

ア(エ) 地域の食文化について理解し，地域の食材を用いた和食の調理が適切にできること。

ここでは，地域の食材を用いた和食の調理を扱い，地域の食材のよさや食文化について理解し，それらを用いた和食の調理ができるようにする。

地域の食文化については，主として，地域又は季節の食材を用いることの意義について理解できるようにする。地域の食材は生産者と消費者の距離が近いために，より新鮮なものを食べることができるなど，地域又は季節の食材のよさに気付くことができるようにする。また，実際に食材に触れ，和食の調理をすることを通して，自分の住む地域の食文化についても理解できるようにする。

地域の食材を用いた和食の調理については，日常食べられている和食として，だしと地域又は季節の食材を用いた煮物又は汁物を取り上げ，適切に調理ができるようにする。また，小学校で学習しただしの役割を踏まえ，だしの種類や料理に適しただしの取り方に気付くことができるようにする。

指導に当たっては，地域との連携を図るよう配慮する。例えば，地域又は季節の食材について調べ，それらを用いた和食の調理をすることが考えられる。また，地域の実態に応じて，地域の伝統的な行事食や郷土料理を扱うことも考えられる。

この学習では，(1)「食事の役割と中学生の栄養の特徴」のアの(ｱ)「食事が果たす役割」との関連を図り，食事には文化を伝える役割もあることを理解できるようにする。

イ　日常の１食分の調理について，食品の選択や調理の仕方，調理計画を考え，工夫すること。

ここでは，日常の１食分の調理についての課題を解決するために，アで身に付けた基礎的・基本的な知識及び技能を活用し，健康・安全などの視点から，食品の選択や調理の仕方，調理計画を考え，工夫することができるようにする。

課題については，日常の１食分の調理において，食品の選択や調理の仕方，調理計画に関する問題を見いだし，設定するようにする。

解決方法については，考えたことをグループで発表し合う活動などを通して，用途に応じた食品の選択や材料に適した調理の仕方，手順を考えた効率的な調理計画について検討できるようにする。その際，既習事項や自分の生活経験と関連付けて考え，適切な解決方法を選び，実践に向けて具体的に計画を立てることができるようにする。

調理の実践の評価・改善については，計画どおりにできたかどうかなどを振り返って評価し，実践発表会などを通して，改善方法について考えることができるようにする。

指導に当たっては，日常の１食分の献立を考えて調理計画を立てるなど，(2)「中学生に必要な栄養を満たす食事」の学習との関連を図るよう配慮する。例えば，(3)のアの(ｳ)や(ｴ)で扱う料理を用いた栄養のバランスのよい１食分の献立を実習題材として設定し，そのための食品の選択や調理の仕方を考え，調理計画を立てて実践することが考えられる。その際，実生活で活用できるようにするために，調理計画は，１食分を１人で調理する場合の計画についても考えることができるよう配慮する。また，１食分の調理については，グループで行う場合や，１人で行う場合などが考えられるが，いずれにおいても，実践を通して考えたことや学んだことをグループや学級内で話し合う活動などを工夫し，効果的に学習を展開できるように配慮する。さらに，生徒が課題を解決できた達成感や，実践する喜びを味わい，次の学習に主体的に取り組むことができるよう配慮する。

なお，家庭で実践する場合には，生徒の家庭の状況に十分配慮し，家庭との連携を図るようにする。

（内容の取扱い）

オ　食に関する指導については，技術・家庭科の特質に応じて，食育の充実に資するよう配慮すること。

食育については，平成17年に食育基本法が成立し，「食に関する知識と食を選択する力を習得し，健全な食生活を実践することができる人間を育てる」ことが求められ，その後，平成18年度から5年ごとに食育推進基本計画が制定され，様々な取組が行われている。また，平成25年には，「和食；日本人の伝統的な食文化」がユネスコ無形文化遺産に登録され，日本の伝統的な食文化の継承に向けた取組も推進されている。中学校においては，技術・家庭科における食に関する指導を中核として，学校の教育活動全体で一貫した取組を一層推進することが大切である。

今回の改訂では，小学校の内容との系統性を図るとともに，内容構成や調理の学習における内容の改善を図り，基礎的・基本的な知識及び技能を確実に習得できるようにすることを重視している。そのため，技術・家庭科における食に関する指導については，小学校における学習を踏まえ，B(1)から(3)の項目に示すとおり，食事の重要性，心身の成長や健康の保持増進の上で望ましい栄養や食事のとり方，食品の品質及び安全性等について自ら判断できる能力，望ましい食習慣の形成，地域の産物，食文化の理解，基礎的・基本的な調理の知識及び技能などを総合的に育むことが大切である。

指導に当たっては，食生活を家庭生活の中で総合的に捉えるという技術・家庭科の特質を生かし，家庭や地域との連携を図りながら健康で安全な食生活を実践するための基礎が培われるよう配慮するとともに，必要に応じて，栄養教諭や地域の人々等の協力を得るなど，食育の充実を図るようにすることが大切である。

衣生活

「衣生活」の内容は，(4)「衣服の選択と手入れ」，(5)「生活を豊かにするための布を用いた製作」の２項目で構成されている。

ここでは，課題をもって，健康・快適・安全で豊かな衣生活に向けて考え，工夫する活動を通して，衣服の適切な選択や着用，衣服の計画的な活用，日常着の手入れ，製作に関する知識及び技能を身に付け，これからの生活を展望して，衣生活の課題を解決する力を養い，衣生活を工夫し創造しようとする実践的な態度を育成することをねらいとしている。

今回の改訂では，小学校と中学校の内容の系統性を図り，小・中学校ともに「生活を豊かにするための布を用いた製作」を扱い，製作における基礎的・基本的な知識及び技能を習得するとともに，生活を豊かにしようとする態度の育成につなげることを意図している。中学校においては，資源や環境に配慮する視点から，衣服等の再利用の方法についても触れることとしている。また，(4)の衣服の計画的な活用においても，衣服の選択や購入，手入れを取り上げ，購入から廃棄までを見通し，資源や環境に配慮することの大切さに気付かせるようにしている。さらに，衣服の機能については，社会生活を営む上での機能を中心に扱い，日本の伝統的な衣服である和服について触れることとしている。

内容の指導に当たっては，小学校家庭科で学習した内容「B衣食住の生活」の(4)「衣服の着用と手入れ」，(5)「生活を豊かにするための布を用いた製作」に関する基礎的・基本的な知識及び技能などを基盤にして，適切な題材を設定し，相互に関連を図り，総合的に展開できるよう配慮する。

また，衣服の機能を取り上げる際には，「A家族・家庭生活」の(1)の家族・家庭の基本的な機能と関連させ，健康・快適・安全，生活文化の継承などの視点から考えることが大切であることに気付くようにする。

さらに，道徳科など他教科等の学習と関連を図るために，指導の時期等についても配慮する。

(4) 衣服の選択と手入れ

ア　次のような知識及び技能を身に付けること。

(ｱ) 衣服と社会生活との関わりが分かり，目的に応じた着用，個性を生かす着用及び衣服の適切な選択について理解すること。

(ｲ) 衣服の計画的な活用の必要性，衣服の材料や状態に応じた日常着の手入れについて理解し，適切にできること。

イ　衣服の選択，材料や状態に応じた日常着の手入れの仕方を考え，工夫すること。

（内容の取扱い）

カ　(4)のアの(ｱ)については，日本の伝統的な衣服である和服について触れること。また，和服の基本的な着装を扱うこともできること。さらに，既製服の表示と選択に当たっての留意事項を扱うこと。(ｲ)については，日常着の手入れは主として洗濯と補修を扱うこと。

ここでは，衣服の選択と手入れについて，課題をもって，衣服と社会生活との関わりについて理解し，衣服の選択，着用及び手入れに関する基礎的・基本的な知識及び技能を身に付け，衣服の選択，日常着の手入れの仕方を工夫することができるようにすることをねらいとしている。

この学習では，「C消費生活・環境」の(1)「金銭の管理と購入」における物資・サービスの選択の学習や，(2)「消費者の権利と責任」における自分や家族の消費生活が環境や社会に及ぼす影響の学習との関連を図って扱うことが考えられる。

ア(ｱ) 衣服と社会生活との関わりが分かり，目的に応じた着用，個性を生かす着用及び衣服の適切な選択について理解すること。

ここでは，衣服の社会生活上の機能が分かり，時・場所・場合に応じた衣服の着用や個性を生かす着用，衣服の適切な選択について理解できるようにする。

衣服と社会生活との関わりについては，小学校で学習した保健衛生上の働きと生活活動上の働きを踏まえて，中学校では，所属や職業を表したり，行事などによって衣服や着方にきまりがあったりするなど，社会生活を営む上での機能を中心に理解できるようにする。その際，和服は日本の伝統的な衣服であり，冠婚葬祭や儀式等で着用することや，地域の祭りなどで浴衣を着用することなどについて触れるようにする。また，和服と洋服の構成や着方の違いに気付くようにするとともに，和服の基本的な着装を扱うことも考えられる。

目的に応じた着用については，生徒の身近な生活や地域社会での活動を取り上げ，学校生活や行事，訪問などの目的に応じた，それぞれの場にふさわしい着方があることを理解できるようにする。

個性を生かす着用については，衣服の種類や組合せ，襟の形やゆとり，色などによって人に与える印象が異なることを理解できるようにする。

衣服の適切な選択については，既製服を中心に取り扱い，組成表示，取扱い表示，サイズ表示等の意味を理解できるようにする。衣服の購入に当たっては，縫い方やボタン付け等の縫製の良否，手入れの仕方，手持ちの衣服との組合せ，価格などにも留意し，目的に応じて衣服を選択する必要があることを理解できるようにする。また，既製服のサイズは身体部位の寸法で示されることと計測の仕方を理解できるようにする。

なお，衣服の入手については，購入するだけではなく，環境に配慮する視点から，他の人から譲り受けたり，リフォームしたりする方法があることにも触れるようにする。

指導に当たっては，調査や話合いなどの活動を取り入れ，生徒が自分の衣服の着方について主体的に考えることができるよう配慮する。例えば，目的に応じた着用については，各種の制服や流行について話し合ったり，具体的な生活場面を想定して発表し合ったりする活動などが考えられる。個性を生かす着用については，コンピュータなどの情報手段を活用し，衣服の上衣と下衣の組合わせや，形，色などによる印象の違いについて発表し合う活動などが考えられる。

ア(イ) 衣服の計画的な活用の必要性，衣服の材料や状態に応じた日常着の手入れについて理解し，適切にできること。

ここでは，衣服を快適に着用するために，衣服を計画的に活用することの必要性が分かり，衣服の材料や汚れ方に応じた日常着の洗濯と衣服の状態に応じた補修等の手入れについて理解し，適切にできるようにする。

衣服の計画的な活用の必要性については，衣服の過不足や処分を考えることを通して，着用しなくなった衣服を再利用したりリサイクルしたりするなど，衣服を計画的に活用する必要があることを理解できるようにする。また，健康・快適だけではなく，資源や環境への配慮の視点から，廃棄までを見通して衣服を購入することや，長持ちさせるための手入れが大切であることにも気付くようにする。

衣服の材料に応じた日常着の手入れについては，中学生が日常着として着用することの多い綿，毛，ポリエステルなどを取り上げ，丈夫さ，防しわ性，アイロンかけの効果，洗濯による収縮性など，手入れに関わる基本的な性質とその違いに応じた手入れの仕方を理解し，日常着の洗濯などが適切にできるようにする。

洗濯については，洗剤の働きと衣服の材料に応じた洗剤の種類などが分かり，洗剤を適切に選択して使用できるようにする。また，衣服の材料や汚れ方に応じた洗濯の仕方について理解できるようにする。洗い方については，汚れ落ちには，水性や油性などの汚れの性質，洗剤の働き，電気洗濯機の水流の強弱などが関わっていることや，部分洗いの効果にも気付くようにする。さらに，例えば，綿と毛，また，同じ綿でも織物と編物により，布の収縮や型くずれに配慮した洗い方や干し方などがあることにも触れるようにする。

小学校で学習した手洗いによる洗濯を基礎として，電気洗濯機を用いた洗濯の方法と特徴を理解し，洗濯機を適切に使用できるようにする。また，衣服によっては専門業者に依頼する必要があることや，手入れをした衣服を適切に保管する必要があることにも気付くようにする。

衣服の状態に応じた日常着の手入れについては，衣服を大切にし，長持ちさせるために，例えば，まつり縫いによる裾上げ，ミシン縫いによるほころび直し，スナップ付けなどの補修を取り上げ，その目的と布地に適した方法について理解し，適切にできるようにする。また，日常の手入れとして，ブラシかけなどが有効であることを理解し，適切にできるようにする。

指導に当たっては，実験，実習や調査を取り入れたり，デジタル教材などを活用したりすることを通して，具体的に理解できるようにするとともに，衣服の活用や手入れについて関心を高め，生活における実践につなげることができるよう配慮する。例えば，衣服の計画的な活用の必要性については，どのような資源が衣服の原料としてリサイクルされているのかを調べたり，回収された資源が新しい衣服に生まれ変わるまでの一連の流れを調べたりする活動などが考えられる。衣服の材料に応じた日常着の手入れについては，電気洗濯機を用いた実習を通して，洗濯機の水流の強弱による汚れの落ち方や布の収縮について調べたり，事前に手洗いをして洗濯するなど，部分洗いの効果について調べたりする活動などが考えられる。また，洗剤の働きなどについてデジタル教材を活用することなどが考えられる。

さらに，小学校での学習を踏まえて，身近な環境に配慮した水や洗剤の適切な使い方を調べるなど，持続可能な社会の構築についての理解が深まるよう配慮する。

イ　衣服の選択，材料や状態に応じた日常着の手入れの仕方を考え，工夫すること。

ここでは，衣服の選択や手入れについての課題を解決するために，アで身に付けた基礎的・基本的な知識及び技能を活用し，健康・快適などの視点から，衣服の選択及び手入れの仕方を考え，工夫することができるようにする。

衣服の選択については，生徒の身近な生活の中から，主に既製服の選択，購入に関する問題を見いだし，課題を設定するようにする。

解決方法については，コンピュータなどの情報手段を活用して調べたり，デジタル教材を参考にしたりする活動や各自の生活経験について意見交流する活動などを通して，適切な衣服の選択について検討できるようにする。

材料や状態に応じた日常着の手入れの仕方については，生徒の身近な生活の中から，主に日常着の洗濯に関する問題を見いだし，課題を設定するようにする。

解決方法については，洗剤や洗濯機について，家庭で調べたことを発表する活動や，衣服の材料や洗剤の特性について実験したりする活動を通して，衣服の材料に適した洗剤を選択し，材料や汚れ方に応じた洗濯の仕方について検討できるようにする。

いずれの場合にも，解決方法については，既習事項や自分の生活経験と関連付けて考え，適切な解決方法を選び，実践に向けた具体的な計画を考えることができるようにする。

実践の評価・改善については，計画どおりに実践できたかどうかなどを振り返って評価し，実践発表会などを通して，改善方法について考えることができるようにする。

指導に当たっては，解決方法を考え，計画を立てたり，実践したことを評価・改善したりする際，他者との意見交換などを通して，多角的に検討できるよう配慮する。例えば，日常着の手入れについては，自分の衣服の材料に適した洗剤を選んだり，材料や汚れ方に応じて洗濯の仕方を考えたり，家庭で実践したりしたことについて，発表したりする活動などが考えられる。

(5) 生活を豊かにするための布を用いた製作

ア　製作する物に適した材料や縫い方について理解し，用具を安全に取り扱い，製作が適切にできること。

イ　資源や環境に配慮し，生活を豊かにするために布を用いた物の製作計画を考え，製作を工夫すること。

（内容の取扱い）

キ　(5)のアについては，衣服等の再利用の方法についても触れること。

ここでは，生活を豊かにするための布を用いた製作について，課題をもって，製作する物に適した材料や縫い方，用具の安全な取扱いに関する基礎的・基本的な知識及び技能を身に付け，資源や環境に配慮して製作計画を考え，製作を工夫することができるようにすることをねらいとしている。

生活を豊かにするための布を用いた製作とは，身の回りの生活を快適にしたり，便利にしたり，さらに資源や環境に配慮したりするなど，自分や家族，地域の人々の生活を豊かにする物を製作することである。布を用いた製作は，生活に役立つばかりではなく，家族や地域の人々との関わりを深めたり，生活文化への関心を高めたり，持続可能な社会の構築について考えたりすることにつながり，生活を豊かにするための営みに係るものである。

また，製作を通して，自分自身が豊かな気持ちになることに気付くことができるようにするとともに，衣服等の再利用など布を無駄なく使うことが，資源や環境への配慮につながることを理解し，製作を工夫することができるようにする。

この学習では，「A家族・家庭生活」の(2)「幼児の生活と家族」の学習との関連を図り，幼児の生活を豊かにするための物を製作したり，「C消費生活・環境」の(2)「消費者の権利と責任」の学習との関連を図り，環境に配慮した生活を工夫するための物を製作したりすることなどが考えられる。

ア　製作する物に適した材料や縫い方について理解し，用具を安全に取り扱い，製作が適切にできること。

ここでは，製作に必要な材料，用具，製作手順，時間等の見通しをもち，目的に応じた縫い方や製作方法，ミシンやアイロン等の用具の安全な取扱いについて理解し，製作が適切にできるようにする。

製作する物に適した材料や縫い方については，布等の材料の特徴を理解し，製作する物に適した材料を選ぶとともに，目的に応じた縫い方や製作方法等について理解できるようにする。また，衣服等を別の用途に作り直したり，デザインを変えたりするなど，再利用の方法について触れるようにする。

用具の安全な取扱いについては，製作に使用するミシンについては，小学校での学習を踏まえて，使用前の点検，使用後の手入れとしまい方，簡単な調整方法について理解し，適切にできるようにする。また，ミシンの操作については，姿勢や動作が作業の正確さや能率に関係すること，作業環境の整備が安全に影響することなどにも触れるようにする。アイロンの取扱いについては，(4)のアの(ｲ)「日常着の手入れ」との関連を図り，布に応じた使い方ができるようにするとともに，火傷等に留意し，使用中，使用後の安全指導の徹底を図るようにする。

指導に当たっては，小学校で学習した手縫いやミシン縫いなどの基礎的・基本的な知識及び技能を発展させ，効果的に活用して製作できるよう配慮する。例えば，様々な種類の布や縫い方の見本を参考にして，製作の用途に適した布や縫い方について話し合う活動などが考えられる。また，衣服等の再利用の方法については，具体的に理解できるよう，地域の高齢者や専門家などの協力を得ることなども考えられる。

イ　資源や環境に配慮し，生活を豊かにするために布を用いた物の製作計画を考え，製作を工夫すること。

ここでは，資源や環境に配慮し，生活を豊かにするための布を用いた物の製作についての課題を解決するために，アで身に付けた基礎的・基本的な知識及び技能を活用し，快適・安全，持続可能な社会の構築などの視点から，製作計画を考え，製作を工夫することができるようにする。

布を用いた物の製作計画や製作については，生徒の身近な生活の中から，自分や家族，地域の人々の生活を豊かにすることや，資源や環境に配慮することに関する課題を設定するようにする。

解決方法については，コンピュータなどの情報手段を活用して，衣服等の再利用の方法など布を無駄なく使う方法について調べる活動を通して，資源や環境に配慮した製作について検討できるようにする。その際，既習事項や自分の生活経験と関連付けて考え，適切な解決方法を選び，製作に向けて具体的に計画を立てることができるようにする。また，生徒が製作の目的を明確にもち，個性や工夫が生かせるよう配慮する。

製作の評価・改善については，計画どおりにできたかどうかなどを振り返って評価し，実践発表会などを通して，改善方法について考えることができるようにする。

指導に当たっては，解決方法を考え，計画を立てたり，製作について評価・改善したりする際，他者との意見交換などを通して，多角的に検討できるよう配慮する。また，製作を通して，成就感を味わうとともに，自分や家族，地域の人々の生活を豊かにすることの大切さを実感できるよう配慮する。さらに，製作品を活用することを通して，資源や環境を大切にしようとする態度の育成につなげるよう配慮する。

布を用いた物の製作計画については，例えば，生活を豊かにするための目的に合っているかどうか，資源や環境に配慮して，衣服等の再利用や布を無駄なく使うなどの工夫があるかどうかについて検討し，計画を見直して改善する活動などが考えられる。

布を用いた物の製作については，例えば，着用されなくなった衣服を他の衣服に作り直す，別の用途の物に作り替えるなどの再利用の仕方を考えたり，色や柄の異なる複数の布を組み合わせて布の無駄のない使い方を考えたりして，製作を工夫する活動などが考えられる。

住生活

「住生活」の内容は，(6)「住居の機能と安全な住まい方」の１項目で構成されている。

ここでは，課題をもって，健康・快適・安全で豊かな住生活に向けて考え，工夫する活動を通して，家族の生活と住空間との関わり，住居の基本的な機能，家族の安全を考えた住空間の整え方に関する知識及び技能を身に付け，これからの生活を展望して，住生活の課題を解決する力を養い，住生活を工夫し創造しようとする実践的な態度を育成することをねらいとしている。

今回の改訂では，小学校と中学校の内容の系統性を図り，幼児や高齢者の家庭内の事故を防ぎ，自然災害に備えるための住空間の整え方を重点的に扱い，安全な住まい方の学習の充実を図ることとした。これは，少子高齢社会の進展や自然災害への対策が一層求められていることなどに対応したものである。

また，小学校と中学校の内容を整理し，「住居の基本的な機能」の一部や「音と生活との関わり」については，小学校で扱うこととしている。さらに，日本の生活文化への理解を深めるために，日本の伝統的な住様式等を扱うことなどが考えられる。

内容の指導に当たっては，小学校家庭科で学習した「Ｂ衣食住の生活」の(6)「快適な住まい方」に関する基礎的・基本的な知識及び技能などを基盤にして，適切な題材を設定し，相互に関連を図り，総合的に展開できるよう配慮する。

また，住居の機能を取り上げる際には，「Ａ家族・家庭生活」の(1)の家族・家庭の基本的な機能と関連させ，健康・快適・安全，生活文化の継承などの視点から考えることが大切であることに気付くようにする。

さらに，保健体育科などの他教科等で行う防災に関する学習との関連を図るために，指導の時期等についても配慮する。

(6) 住居の機能と安全な住まい方
ア　次のような知識を身に付けること。
(ｱ) 家族の生活と住空間との関わりが分かり，住居の基本的な機能について理解すること。
(ｲ) 家庭内の事故の防ぎ方など家族の安全を考えた住空間の整え方について理解すること。
イ　家族の安全を考えた住空間の整え方について考え，工夫すること。

（内容の取扱い）

ク　(6)のアについては，簡単な図などによる住空間の構想を扱うこと。また，ア及びイについては，内容の「A家族・家庭生活」の(2)及び(3)との関連を図ること。さらに，アの(ｲ)及びイについては，自然災害に備えた住空間の整え方についても扱うこと。

ここでは，住居の機能と安全な住まい方について，課題をもって，住居の基本的な機能について理解し，家庭内の事故を防ぎ，自然災害に備えるための住空間の整え方に関する基礎的・基本的な知識を身に付け，家族の安全を考えた住空間の整え方を工夫することができるようにすることをねらいとしている。

この学習では，「A家族・家庭生活」の(2)「幼児の生活と家族」の幼児の発達や，(3)「家族・家庭や地域との関わり」の高齢者の身体の特徴との関連を図り，幼児や高齢者の家庭内の事故の防ぎ方について考えることができるようにする。

ア(ｱ) 家族の生活と住空間との関わりが分かり，住居の基本的な機能について理解すること。

ここでは，自分や家族の生活行為と住空間との関わりが分かり，住居の基本的な機能について理解できるようにする。

家族の生活と住空間との関わりについては，家族がどのような生活を重視するのかによって，住空間の使い方が異なることを理解できるようにする。また，家族が共に暮らすためには，住生活に対する思いや願いを互いに尊重しながら調整して住空間を整える必要があることを理解できるようにする。さらに，畳，座卓，座布団などを用いた我が国の座式の住まい方が現代の住居に受け継がれていることが分かり，現代の住居には和式と洋式を組み合わせた住空間の使い方の工夫があることに気付くようにする。その際，小学校における季節の変化に合わせた住まい方の学習を踏まえて，我が国の伝統的な住宅や住まい方に見られる様々な知恵に気付き，生活文化を継承する大切さに気付くようにする。和式と洋式については，布団とベッドによる就寝の形態や，押入れとクローゼットによる収納の形態などにも触れるようにする。

住居の基本的な機能については，家族の生活と住空間との関わりを考えることを通して，住居は家族の安定した居場所であることを理解できるようにする。その際，小学校の学習における，雨や風，暑さ・寒さなどの過酷な自然から人々を守る生活の器としての働きに加え，中学校では主として心身の安らぎと健康を維持する働き，子どもが育つ基盤としての働きなどがあることを理解できるようにする。また，住居の基本的な機能を充たすために，住居には，共同生活の空間，個人生活の空間などが必要であることを理解できるようにする。

指導に当たっては，住空間を想像できるような簡単な図や写真，動画などを用いて，家族の生活と住空間との関わりについて具体的に理解できるよう配慮する。例えば，住居の機能に気付かせるために，家族を想定し，間取りが分かるような簡単な図などを活用して，家族の生活行為がどのような住空間で行われているのか，家具などをどのように配置するのかを話し合う活動などが考えられる。

なお，住生活の学習については，生徒の住まいに係るプライバシーに十分配慮する。

ア(イ) 家庭内の事故の防ぎ方など家族の安全を考えた住空間の整え方について理解すること。

ここでは，家族が安心して住まうためには，住空間を安全な状態に整える必要があることが分かり，家庭内の事故を防ぎ，自然災害に備えるための住空間の整え方について理解できるようにする。

家庭内の事故の防ぎ方など家族の安全を考えた住空間の整え方については，幼児や高齢者など様々な年齢で構成される家族が，住居内で安全に生活できるよう住空間を整える必要があることについて理解できるようにする。

家庭内の事故については，幼児や高齢者に起きることが多い事故を取り上げ，事故の要因と対策としての安全管理の方法について理解できるようにする。例えば，幼児については，幼児の目の高さで安全点検をしたり，落下防止のために手すりや柵の高さに配慮したりすることのほかに，さわったり口に入れたりしては困るものを手の届くところに置かないように配慮することなどに気付くようにする。高齢者については，身体の機能の低下に応じて段差をなくしたり，手すりを付けたりすることや，照明を明るくしたり，浴室やトイレなどでは温度差を解消したりする必要があることなどに気付くようにする。また，室内の空気環境が家族の健康に及ぼす影響として，一酸化炭素や化学物質などによる空気汚染についても取り上げ，室内の空気を清浄に保つことによって安全な室内環境を整えることができることに気付くようにする。

自然災害については，地域の実態に応じて過去の災害の例を取り上げることなどが考えられる。例えば，地震の場合は，家具の転倒・落下・移動などの危険を予測し，危険な箇所を見付け出すことができるようにする。その上で，家族が怪我をしたり，避難の妨げとなったり，二次災害としての火災が発生したりしないよう，家具の置き方や家具を倒れにくくする方法などについて理解できるようにする。

指導に当たっては，写真や動画，簡単な図などを用いて，家庭内の事故や自然災害への対策としての住空間の整え方について具体的に考えることができるよう配慮する。例えば，室内の写真などから危険な箇所を見付けて住空間の図に書き込み，それを基に必要な備えとして住空間の整え方を検討する活動などが考えられる。また，家庭内の事故については，幼児や高齢者などの疑似体験を通して，事故が起きる状況を想定し，具体的な対策について理解を深める活動なども考えられる。

この学習では，保健体育科など他教科等で行う防災に関する学習との関連を図ることも考えられる。

イ　家族の安全を考えた住空間の整え方について考え，工夫すること。

ここでは，安全な住まい方についての課題を解決するために，アで身に付けた基礎的・基本的な知識を活用し，安全などの視点から，住空間の整え方について考え，工夫することができるようにする。

課題については，家庭や地域での生活の中から，安全な住まい方に関する問題を見いだし，その中から設定するようにする。

解決方法については，コンピュータなどの情報手段を活用して家庭内の事故を防ぐ方法や自然災害に備える方法について調べたり，幼児や高齢者がいる家族にインタビューしたりするなど，より安全な住空間の整え方について様々な視点から情報を収集して検討できるようにする。また，家庭分野及び他教科等の既習事項や，自分の生活経験と関連付けて考え，適切な解決方法を選び，具体的に住空間の安全計画を立てることができるようにする。

安全計画の評価・改善については，課題の解決が十分に図られているかなどを振り返って評価し，計画の改善について考えることができるようにする。

指導に当たっては，解決方法を考えたり，計画を立てて評価・改善したりする際，他者との意見交換などを通して，多角的に検討できるよう配慮する。例えば，家庭内の事故の防ぎ方に関する知識を活用し，家族の年齢構成などに合わせて安全対策を実践したり，家族が利用する地域内の施設の安全点検をしたりする活動などが考えられる。また，自然災害への備えについては，各家庭における危険箇所を確認したり，災害時の行動マニュアルを作成したりする活動などが考えられる。

なお，住生活の学習については，生徒の住まいに係るプライバシーに十分配慮する。

(7)　衣食住の生活についての課題と実践

ア　食生活，衣生活，住生活の中から問題を見いだして課題を設定し，その解決に向けてよりよい生活を考え，計画を立てて実践できること。

（指導計画の作成）

(2) 家庭分野の内容の「A家族・家庭生活」の(4),「B衣食住の生活」の(7)及び「C消費生活・環境」の(3)については，これら三項目のうち，一以上を選択し履修させること。その際，他の内容と関連を図り，実践的な活動を家庭や地域などで行うことができるよう配慮すること。

ここでは，(1)から(6)の学習を基礎とし,「A家族・家庭生活」や「C消費生活・環境」との関連を図り，食生活，衣生活，住生活の中から問題を見いだして課題を設定し，様々な解決方法を考え，計画を立てて実践した結果を評価・改善し，考察したことを論理的に表現するなどの学習を通して，課題を解決する力と生活を工夫し創造しようとする実践的な態度を養うことをねらいとしている。

ア　食生活，衣生活，住生活の中から問題を見いだして課題を設定し，その解決に向けてよりよい生活を考え，計画を立てて実践できること。

食生活，衣生活，住生活の中から問題を見いだして課題を設定しについては，(1)から(6)の項目それぞれの指導事項ア及びイで身に付けた知識及び技能や生活経験などを基に問題を見いだし，生徒の興味・関心等に応じて「A家族・家庭生活」や「C消費生活・環境」の内容と関連させて課題を設定できるようにする。

その解決に向けてよりよい生活を考え，計画を立てて実践できることについては，設定した課題に関わり，これまでの学習で身に付けた知識及び技能などを活用して，計画を立てて家庭や地域などで実践できるようにする。

また，実践後は，課題解決に向けた一連の活動を振り返って評価し，更によりよい生活にするための新たな課題を見付け，次の実践につなげることができるようにする。

指導に当たっては，衣食住の生活を見直して課題を設定し，計画，実践，評価・改善という一連の学習活動を重視し，問題解決的な学習を進めるようにする。その際，計画をグループで発表し合ったり，実践発表会を設けたりするなどの活動を工夫して，効果的に実践できるよう配慮する。また，家庭や地域社会との連携を図り，実践的な活動を行うことができるよう配慮するとともに，家庭や地域で実践する意義についても気付くことができるようにする。

例えば，B(3)「日常食の調理と地域の食文化」とC(2)「消費者の権利と責任」との関連を図り，環境に配慮して調理することを課題として設定し，計画を立てて実践する活動などが考えられる。また，B(5)「生活を豊かにするための布を用いた製作」とA(2)「幼児の生活と家族」との関連を図り，幼児の生活を豊かにすることを課題として設定し，衣服を再利用した幼児の生活に役立つ物などの製作について計画を立てて実践する活動などが考えられる。

さらに，Ｂ(6)「住居の機能と安全な住まい方」とＡ(2)「幼児の生活と家族」やＡ(3)「家族・家庭や地域との関わり」との関連を図り，幼児や高齢者などの家族が安全で快適に生活することを課題として設定し，住空間の整え方について計画を立てて実践する活動などが考えられる。

（内容の取扱い）

(1) 各内容については，生活の科学的な理解を深めるための実践的・体験的な活動を充実すること。

この内容の学習については，材料に適した加熱調理の仕方，衣服材料の特性を踏まえた手入れや製作，洗濯の仕方，家族の安全を考えた住空間の整え方などについて科学的な理解を深めるために，実習や実験，観察，調査などの実践的・体験的な活動を充実することが大切である。このことは，生活を営むことのよさやその価値に触れ，生活への感性を高めることにもつながる。例えば，食品の栄養的特質や調理に伴う食品の変化，衣服材料による汚れの落ち方などについて実験したり，住まいの安全について調査したりする活動などが考えられる。

(3) 内容の「Ｂ衣食住の生活」については，次のとおり取り扱うものとする。 ア　日本の伝統的な生活についても扱い，生活文化を継承する大切さに気付くことができるよう配慮すること。

「Ｂ衣食住の生活」の内容の学習では，日本の伝統的な生活について学ぶことを通して，生活文化を継承しようとする態度を養うこととしている。例えば，(1)「食事の役割と中学生の栄養の特徴」における食事が果たす役割や，(3)「日常食の調理と地域の食文化」における地域の食材を用いた和食の調理，(4)「衣服の選択と手入れ」における衣服と社会生活との関わり，(6)「住居の機能と安全な住まい方」における家族の生活と住空間との関わりなどと関連させて，伝統的な生活の仕方などについて具体的に扱い，生活文化を継承する大切さに気付くことができるよう指導を工夫する必要がある。

C　消費生活・環境

「消費生活・環境」の内容は,全ての生徒に履修させる(1)「金銭の管理と購入」,(2)「消費者の権利と責任」と，生徒の興味・関心や学校，地域の実態等に応じて選択して履修させる(3)「消費生活・環境についての課題と実践」の３項目で構成されている。

ここでは，課題をもって，持続可能な社会の構築に向けて考え，工夫する活動を通して，消費生活・環境に関する知識及び技能を身に付け，これからの生活を展望して，身近な消費生活と環境についての課題を解決する力を養い，身近な消費生活と環境について工夫し創造しようとする実践的な態度を育成することをねらいとしている。

このねらいを実現するため，(1)，(2)の項目はそれぞれ指導事項ア及びイで構成されている。指導事項のアは，消費生活・環境に関する「知識及び技能」について示したものである。指導事項のイは，「思考力，判断力，表現力等」について示したものであり，アで身に付けた「知識及び技能」を生活で活用できるようにすることを意図している。

(3)の項目の指導事項は，アのみで構成されているが，(1)及び(2)の学習を基礎とし，生活の中から問題を見いだして課題を設定し，その解決に向けて計画を立てて実践できるようにすることを意図している。

これらの三つの項目の冒頭では，次のように示している。

次の(1)から(3)までの項目について，課題をもって，持続可能な社会の構築に向けて考え，工夫する活動を通して，次の事項を身に付けることができるよう指導する。

これは，目標(2)に示す学習過程を踏まえ，課題をもって考え，工夫する活動を通して，指導事項ア及びイについて関連を図って取り扱うことを明確にしたものである。また，「生活の営みに係る見方・考え方」と関わって，「Ｃ消費生活・環境」において考察する主な視点についても示している。

今回の改訂では，キャッシュレス化の進行に伴い，小・中・高等学校の内容の系統性を図り，中学校に金銭の管理に関する内容を新設している。また，消費者被害の低年齢化に伴い，消費者被害の回避や適切な対応が一層重視されることから，売買契約の仕組みと関連させて消費者被害について取り扱うこととしている。さらに，持続可能な社会の構築に向けて，消費生活と環境を一層関連させて学習できるようにし，消費者教育の推進に関する法律（消費者教育推進法）の定義に基づく消費者市民社会の担い手として，自覚をもって環境に配慮したライフスタイルの確立の基礎を培うことを意図している。

内容の指導に当たっては，小学校家庭科で学習した「C消費生活・環境」の(1)「物や金銭の使い方と買物」，(2)「環境に配慮した生活」に関する基礎的・基本的な知識及び技能などを基盤にして，適切な題材を設定し，「A家族・家庭生活」，「B衣食住の生活」の学習と相互に関連を図り，総合的に展開できるように配慮する。また，金銭の管理を取り上げる際には，「A家族・家庭生活」の(1)の家族・家庭の基本的な機能と関連させ，持続可能な社会の構築などの視点から考えることが大切であることに気付くようにする。

(3)「消費生活・環境についての課題と実践」では，「A家族・家庭生活」や「B衣食住の生活」との関連を図り，実践的な活動を家庭や地域などで行うことができるよう配慮する。

なお，生徒によって家庭の状況が異なることから，各家庭や生徒のプライバシーに十分配慮しながら取り扱うようにする。

(1) 金銭の管理と購入
　ア　次のような知識及び技能を身に付けること。
　　(ｱ) 購入方法や支払い方法の特徴が分かり，計画的な金銭管理の必要性について理解すること。
　　(ｲ) 売買契約の仕組み，消費者被害の背景とその対応について理解し，物資・サービスの選択に必要な情報の収集・整理が適切にできること。
　イ　物資・サービスの選択に必要な情報を活用して購入について考え，工夫すること。

（内容の取扱い）

ア　(1)及び(2)については，内容の「A家族・家庭生活」又は「B衣食住の生活」の学習との関連を図り，実践的に学習できるようにすること。
イ　(1)については，中学生の身近な消費行動と関連を図った物資・サービスや消費者被害を扱うこと。アの(ｱ)については，クレジットなどの三者間契約についても扱うこと。

ここでは，金銭の管理と購入について，課題をもって，計画的な金銭管理の必要性について理解し，購入方法や支払い方法の特徴，売買契約の仕組み，消費者被害の背景とその対応及び物資・サービスの選択に関する基礎的・基本的な知識及び技能を身に付け，物資・サービスの選択に必要な情報を活用して購入について工夫することができるようにすることをねらいとしている。

この学習では，「B衣食住の生活」の(3)「日常食の調理と地域の食文化」における食品の選択や，(4)「衣服の選択と手入れ」における衣服の選択の学習などとの関連を図るようにする。

ア(ｱ) 購入方法や支払い方法の特徴が分かり，計画的な金銭管理の必要性について理解すること。

ここでは，キャッシュレス化の進行に伴って多様化した購入方法や支払い方法の特徴が分かり，収支のバランスを図るためには，生活に必要な物資・サービスについて金銭の流れを把握し，多様な支払い方法に応じた計画的な金銭管理が必要であることについて理解できるようにする。

購入方法の特徴については，インターネットを介した通信販売などの無店舗販売を取り上げ，利点と問題点について理解できるようにする。

支払い方法の特徴については，支払い時期（前払い，即時払い，後払い）の違いによる特徴が分かるようにするとともに，クレジットカードによる三者間契約を取り上げ，二者間契約と比較しながら利点と問題点について理解できるようにする。

計画的な金銭管理の必要性については，収支のバランスを図るために，生活に必要な物資・サービスについての金銭の流れを把握し，多様な支払い方法に応じた計画的な金銭管理が必要であることを理解できるようにする。その際，収支のバランスが崩れた場合には，各家庭におけるそれぞれの状況に応じて，物資・サービスが必要かどうかを判断し，必要なものについては，優先順位を考慮して調整することが重要であることを理解できるようにする。また，生活に必要な物資・サービスには，衣食住や，電気，ガス，水，交通などのライフラインに係る必需的なものや，教養娯楽や趣味などに係る選択的なものがあることに気付くようにする。

指導に当たっては，購入方法や支払方法については，小学校における現金による店舗販売に関する学習を踏まえ，中学生の身近な消費行動と関連を図って扱うよう配慮する。例えば，中学生に身近な商品を取り上げ，インターネットで購入する場合と店舗で購入する場合，現金による即時払いとクレジットによる後払いの利点及び問題点を比較する活動などが考えられる。

計画的な金銭管理については，生活に必要な物資・サービスの購入や支払い場面を具体的に想定して学習を展開するよう配慮し，高等学校における長期的な経済計画や家計収支等についての学習につながるようにする。例えば，自分や家族が毎日生活するために消費している物資・サービスを具体的に挙げ，それらの必要性を考えて分類し，限られた収入をどのように使うのかをグループで話し合い，調整する活動などが考えられる。

この学習では，社会科〔公民的分野〕「現代社会を捉える枠組み」，「市場の働きと経済」などとの関連を図るよう配慮する。また，購入方法や支払い方法の学習でインターネットを介した通信販売を扱う際には，技術分野の「個人情報の保護の必要性」の学習との関連を図るようにする。

ア(ｲ) 売買契約の仕組み，消費者被害の背景とその対応について理解し，物資・サービスの選択に必要な情報の収集・整理が適切にできること。

ここでは，売買契約の仕組みと関連させ，消費者被害が発生する背景及び被害を回避する方法や適切な対応の仕方について理解できるようにする。また，購入しようとする物資・サービスの選択に必要な情報の収集・整理を適切にできるようにする。

売買契約の仕組みについては，小学校における「買物の仕組み」の学習を踏まえ，契約が法律に則（のっと）ったきまりであり，売買契約が成立するためには買主及び売主の合意が必要であることや，既に成立している契約には法律上の責任が伴うため，消費者の一方的な都合で取り消すことができないことを理解できるようにする。その際，未成年・成年の法律上の責任の違いについても触れるようにする。また，インターネットを介した通信販売は，売買契約であること，クレジットカードによる支払いは，三者間契約であることについても理解できるようにする。

売買契約については，両者が対等な立場で契約に臨むことが公正な取引の前提であり，消費者の意志が尊重されなければならないことに触れるようにする。また，消費者にとって熟慮する時間が短かったり，必要な情報が与えられなかったりする場合に，消費者被害に結び付きやすいことに気付くようにする。

消費者被害の背景については，消費者被害が消費者と事業者（生産者，販売者等）の間にある情報量などの格差によって発生することを理解できるようにする。また，インターネットの普及やキャッシュレス化の進行により，目に見えないところで複雑な問題に巻き込まれやすくなることや，被害が拡大しやすいこと，被害者の低年齢化により，中学生も被害者になりやすいことに触れるようにする。

消費者被害への対応については，消費者と事業者が対等な立場で結んだ公正な売買契約であるかどうかを判断する必要性について理解できるようにする。また，誤った使い方などによる被害を防ぐためには，消費者が説明書や表示，契約内容を確認することが重要であることに気付くようにする。

さらに，消費者支援の具体例として，地域の消費生活センターなどの各種相談機関やクーリング・オフ制度を取り上げ，消費者を支援する仕組みがあるのは，消費生活に係る被害を未然に防いだり，問題が発生した場合に適切に対応して被害を拡大させないようにしたりするためであることを理解できるようにする。その際，通信販売には，クーリング・オフ制度が適用されないことについても触れるようにする。

被害にあった場合の対応については，保護者など身近な大人に相談する必要があることに気付くようにし，地域の相談機関の連絡先や場所などの具体的な情報についても触れるようにする。

物資・サービスの選択に必要な情報の収集・整理については，選択のための意思決定に必要な安全性，機能，価格，環境への配慮，アフターサービス等の観点について理解できるようにするとともに，関連する品質表示や成分表示，各種マークについても触れるようにする。また，広告やパンフレットなどの情報源から偏りなく情報を収集し，購入目的に応じた観点で適切に整理し，比較検討できるようにする。その際，情報の信頼性を吟味する必要があることにも触れるようにする。

さらに，物資・サービスの選択・購入に必要な情報の収集・整理を適切に行うことが，消費者被害を未然に防いだり，購入後の満足感を高めたりすることにも気付くようにする。

指導に当たっては，売買契約の仕組みについては，消費者被害と関連させて扱うよう配慮する。また，消費者被害とその対応については，国民生活センターが公表しているデータなどを活用したり，消費生活センターなどの各種相談機関と連携したりして，中学生の身近な消費行動と関連を図った事例を取り上げるよう配慮する。例えば，いわゆる悪質商法が，なぜ悪質なのかを売買契約の仕組みを踏まえて考えたり，地域の消費生活センターの相談員から中学生が巻き込まれやすい消費者被害について話を聞いたり，対応の仕方についてロールプレイングをしたりする活動などが考えられる。

選択に必要な情報の収集・整理については，(ｱ)における購入方法や支払い方法の学習と関連させて扱うよう配慮する。例えば，中学生にとって身近な商品などを取り上げ，情報の収集・整理や信頼性について話し合う活動などが考えられる。

この学習では，社会科〔公民的分野〕「市場の働きと経済」の学習などとの関連を図るよう配慮する。

イ　物資・サービスの選択に必要な情報を活用して購入について考え，工夫すること。

ここでは，物資・サービスの購入についての課題を解決するために，アで身に付けた基礎的・基本的な知識及び技能を活用し，持続可能な社会の構築などの視点から，物資・サービスの選択，購入方法，支払い方法等について考え，工夫することができるようにする。

課題については，中学生にとって想定しやすい具体的な場面を取り上げ，生徒の生活体験などを踏まえて物資・サービスの購入に関わる問題を見いだし，設定するようにする。

解決方法については，コンピュータなどの情報手段を活用して調べたり，広告やパンフレットなどで関連する情報を集めたりする活動や，それらを吟味するための意見交換などを通して，検討できるようにする。その際，購入の目的に合っているかどうか，結果に対する満足度が高いかどうかなどについて，既習事項や自分の生活と関連付けて考え，適切な解決方法を選び，実践に向けて具体的に購入計画を立てることができるようにする。

購入計画の評価・改善については，目的に合っているかどうかなどを振り返って評価し，実践発表会などを通して，改善方法について考えることができるようにする。

指導に当たっては，中学生にとって身近な物資・サービスの購入場面を取り上げ，具体的に考えることができるよう配慮する。例えば，アで取り上げた中学生にとって身近な商品について，使用目的や予算，支払い方法などの条件を設定し，どこで，どのような購入の仕方をすることが目的に合っているのかを考え，発表し合う活動などが考えられる。その際，グループごとに異なる条件を設定したり，途中で条件を変えたりするなど，現実の生活場面における実践につなげることも考えられる。

なお，生徒自身の購入場面を取り上げる場合には，プライバシーに十分配慮する。

(2) 消費者の権利と責任

ア　消費者の基本的な権利と責任，自分や家族の消費生活が環境や社会に及ぼす影響について理解すること。

イ　身近な消費生活について，自立した消費者としての責任ある消費行動を考え，工夫すること。

ここでは，消費者の権利と責任について，課題をもって，消費者の基本的な権利と責任に関する基礎的・基本的な知識を身に付け，消費生活が環境や社会に及ぼす影響についての理解を深め，自立した消費者としての責任ある消費行動を工夫することができるようにすることをねらいとしている。また，こうした学習を通して，身近な消費生活を工夫し創造しようとする実践的な態度の育成を図ることが考えられる。

この学習では，「B衣食住の生活」の(3)「日常食の調理と地域の食文化」における食品の選択や，(4)「衣服の選択と手入れ」における衣服の計画的な活用，(5)「生活を豊かにするための布を用いた製作」における衣服等の再利用の方法の学習などとの関連を図るようにする。

ア　消費者の基本的な権利と責任，自分や家族の消費生活が環境や社会に及ぼす影響について理解すること。

ここでは，中学生の実際の消費生活と関わらせて，消費者の基本的な権利と責任や，自分や家族の消費生活が環境や社会に及ぼす影響について具体的に理解できるようにする。

消費者の基本的な権利と責任については，消費者基本法の趣旨を踏まえ，その内容を具体的に理解できるようにする。その際，中学生にとって身近な消費生活と関連を図り，具体的な場面でどのような権利と責任が関わっているのかを理解できるようにするとともに，権利の行使には責任の遂行が伴うことに気付くようにする。例えば，物資・サービスを購入する際には，必要な情報が与えられたり，自由に選んだりする権利が保障されるとともに，情報をよく調べたり確かめたりするなど批判的な意識をもつ責任が生じることなどを理解できるようにする。

また，消費者が，購入した物資・サービスに不具合があったり，被害にあったりした場合に，そのことについて適切に主張し行動する責任を果たすことなどが，消費者被害の拡大を防ぐことについて気付くようにする。

自分や家族の消費生活が環境や社会に及ぼす影響については，物資・サービスの購入から廃棄までの自分や家族の消費行動が，環境への負荷を軽減させたり，企業への働きかけとなって商品の改善につながったりすることなどを理解できるようにする。その際，環境への負荷を軽減させることについては，電気，ガス，水をはじめ，衣食住に関わる多くのものが限りある資源であり，それらを有効に活用するためには，自分や家族の消費行動が環境に与える影響を自覚し，自分だけでなく多くの人が行ったり，長期にわたって続けたりすることが大切であることに気付くようにする。

また，商品の改善につながることについては，品質や価格などの情報に疑問や関心をもったり，消費者の行動が社会に影響を与えていることを自覚したりして，よく考えて購入することが大切であることにも気付くようにする。

指導に当たっては，消費者の基本的な権利と責任については，中学生にとって身近な消費者被害と関連させて扱うよう配慮する。例えば，通信販売の利用で消費者被害にあった場合を取り上げ，どのような消費者の権利が侵害されているのか，消費者の責任として何をすべきなのか話し合う活動などが考えられる。

環境や社会に及ぼす影響については，消費者の責任と関連させて扱うとともに，中学生にとって身近な商品を取り上げたり，消費行動を振り返ったりして具体的に考えられるよう配慮する。例えば，調理実習で使う食材や製作で用いる材料などをどのように選ぶのかについて，資源や環境への配慮や，社会に及ぼす影響などの観点から話し合う活動などが考えられる。

この学習では，社会科〔公民的分野〕「市場の働きと経済」の学習などとの関連を図るよう配慮する。

イ　身近な消費生活について，自立した消費者としての責任ある消費行動を考え，工夫すること。

ここでは，身近な消費生活についての課題を解決するために，アで身に付けた基礎的・基本的な知識を活用し，持続可能な社会の構築などの視点から，自立した消費者としての責任ある消費行動を考え，工夫することができるようにする。

課題については，生徒の身近な生活の中から，生徒自身の消費行動に関する問題を見いだし，自分の消費生活の課題を設定するようにする。

解決方法については，自分や家族の消費生活について多様な観点で振り返ることを通して，消費生活の在り方やライフスタイルの改善に向けて検討できるようにする。その際，家庭分野及び他教科等の既習事項や，自分の生活経験と関連付けて考え，適切な解決方法を選び，実践に向けて具体的に計画を立てることができるようにする。

実践の評価・改善については，計画どおりに実践できたかどうかなどを振り返って評価し，実践発表会などを通して，改善方法について考えることができるようにする。

指導に当たっては，中学生にとって身近な商品の購入場面を取り上げ，消費者の基本的な権利と責任との関連や，環境や社会に及ぼす影響について具体的に考えることで，自立した消費者としての意識を高めるよう配慮する。

例えば，中学生にとって身近な事例について，どのような権利や責任と関わっているのかを考えたり，権利を行使しなかった場合や責任を果たさなかった場合にどのような影響があるのかを話し合ったりする活動などが考えられる。また，環境負荷の小さいものを消費することの効果など，消費者としての責任ある消費行動について実践できることを発表し合ったり，家庭生活で使用されている電気，ガス，水など，限りある資源を有効に利用するための生活の仕方について実践できることを話し合ったりする活動などが考えられる。

なお，生徒によって家庭生活の状況が異なることから，各家庭や生徒のプライバシーに十分配慮しながら取り扱うようにする。

(3) 消費生活・環境についての課題と実践

ア　自分や家族の消費生活の中から問題を見いだして課題を設定し，その解決に向けて環境に配慮した消費生活を考え，計画を立てて実践できること。

（指導計画の作成）

> (2) 家庭分野の内容の「A家族・家庭生活」の(4),「B衣食住の生活」の(7)及び「C消費生活・環境」の(3)については，これら三項目のうち，一以上を選択し履修させること。その際，他の内容と関連を図り，実践的な活動を家庭や地域などで行うことができるよう配慮すること。

ここでは，(1)及び(2)の学習を基礎とし，「A家族・家庭生活」や「B衣食住の生活」との関連を図り，自分や家族の消費生活の中から問題を見いだして課題を設定し，様々な解決方法を考え，計画を立てて実践した結果を評価・改善し，考察したことを論理的に表現するなどの活動を通して，課題を解決する力と生活を工夫し創造しようとする実践的な態度を養うことをねらいとしている。

ア　自分や家族の消費生活の中から問題を見いだして課題を設定し，その解決に向けて環境に配慮した消費生活を考え，計画を立てて実践できること。

自分や家族の消費生活の中から問題を見いだして課題を設定しについては，(1)及び(2)の項目それぞれの指導事項ア及びイで身に付けた知識や生活経験などを基に問題を見いだし，生徒の興味・関心等に応じて「A家族・家庭生活」や「B衣食住の生活」の内容と関連させて課題を設定できるようにする。

その解決に向けて環境に配慮した消費生活を考え，計画を立てて実践できることについては，設定した課題に関わり，これまでの学習で身に付けた知識及び技能などを活用して，計画を立てて家庭や地域などで実践できるようにする。

また，実践後は，課題解決に向けた一連の活動を振り返って評価し，更によりよい生活にするための新たな課題を見付け，次の実践につなげることができるようにする。

指導に当たっては，消費生活を見直して課題を設定し，計画，実践，評価・改善という一連の学習過程を重視し，問題解決的な学習を進めるようにする。その際，計画をグループで発表し合ったり，実践発表会を設けたりするなどの活動を工夫して，効果的に実践できるよう配慮する。また，家庭や地域社会との連携を図り，実践的な活動を行うことができるよう配慮するとともに，家庭や地域で実践する意義についても気付くことができるようにする。

例えば，C(1)「金銭の管理と購入」とA(3)「家族・家庭や地域との関わり」との関連を図り，家族の話し合いなどを通して，家電製品などを購入することを課題として設定し，必要な情報を収集・整理し，購入方法や支払い方法について計画を立てて実践する活動などが考えられる。また，C(2)「消費者の権利と責任」とB(3)「日常食の調理と地域の食文化」との関連を図り，食品の購入や調理の後始末の仕方などにおいて環境に配慮することを課題として設定し，自分や家族ができることを計画を立てて実践する活動などが考えられる。

なお，家電製品など，高価な商品の購入を課題とする場合には，実際に購入するのではなく，情報を収集・整理して，購入する物資・サービスを判断し決定するまでを扱い，学習活動を目的に過度な費用の負担等がかからないよう十分留意する。

（内容の取扱い）

(1) 各内容については，生活の科学的な理解を深めるための実践的・体験的な活動を充実すること。

この内容の学習では，消費者被害や，自分や家族の消費生活が環境や社会に及ぼす影響などについて科学的な理解を深めるために，調査や実験などの実践的・体験的な活動を充実することが大切である。例えば，消費者被害の背景に関するデータを調査してまとめたり，生活排水や消費電力等に関する実験をしたりする活動などが考えられる。

小学校家庭，中学校技術・家庭　家庭分野で育成を目指す資質・能力の系統表

			小学校	中学校
知識及び技能			日常生活に必要な家族や家庭，衣食住，消費や環境などについての基礎的な理解と，それらに係る技能	生活の自立に必要な家族・家庭，衣食住，消費や環境などについての基礎的な理解と，それらに係る技能
	A家族・家庭生活		・家庭生活と家族の大切さ，家庭との協力についての基礎的な理解 ・家庭の仕事と生活時間についての基礎的な理解 ・家族との関わりについての基礎的な理解	・家族・家庭の基本的な機能，家族や地域の人々との協力・協働についての基礎的な理解 ・家族関係，家庭生活と地域との関わりについての基礎的な理解
			・地域の人々（幼児又は低学年の児童や高齢者など異なる世代の人々）との関わりについての基礎的な理解	・幼児の発達と生活，幼児の遊びの意義についての基礎的な理解 幼児や高齢者との関わり方についての基礎的な理解と技能
	B衣食住の生活	食生活	・食事の役割についての基礎的な理解 ・調理の基礎についての基礎的な理解と技能 ・栄養を考えた食事についての基礎的な理解	・食事の役割と中学生の栄養の特徴についての基礎的な理解 ・中学生に必要な栄養を満たす食事についての基礎的な理解 ・日常食の調理と地域の食文化についての基礎的な理解
		衣生活	・衣服の主な働き 衣服の着用と手入れについての基礎的な理解と技能 ・布を用いた製作についての基礎的な理解と技能	・衣服と社会生活との関わり 衣服の選択と着用，計画的な活用と手入れについての基礎的な理解と技能 ・布を用いた製作についての基礎的な理解と技能
		住生活	・住まいの主な働き 季節の変化に合わせた住まい方 住まいの整理・整頓や清掃の仕方についての基礎的な理解と技能	・住居の基本的な機能 家族の生活と住空間との関わり 家族の安全を考えた住空間の整え方についての基礎的な理解
	C消費生活・環境		・物や金銭の使い方と買物についての基礎的な理解と技能 ・環境に配慮した生活についての基礎的な理解	・金銭の管理と購入についての基礎的な理解と技能 ・消費者の権利と責任についての基礎的な理解
思考力、判断力、表現力等			日常生活の中から問題を見いだして課題を設定し，課題を解決する力	家族・家庭や地域における生活の中から問題を見いだして課題を設定し，これからの生活を展望して課題を解決する力
	A家族・家庭生活		・日常生活の中から家族・家庭生活について問題を見いだし，課題をもって考え，解決する力	・家族・家庭や地域における生活の中から家族・家庭生活について問題を見いだし，課題をもって考え，解決する力
	B衣食住の生活	食生活	・日常生活の中から食生活について問題を見いだし，課題をもって考え，解決する力	・家族・家庭や地域における生活の中から食生活について問題を見いだし，課題をもって考え，解決する力
		衣生活	・日常生活の中から衣生活について問題を見いだし，課題をもって考え，解決する力	・家族・家庭や地域における生活の中から衣生活について問題を見いだし，課題をもって考え，解決する力
		住生活	・日常生活の中から住生活について問題を見いだし，課題をもって考え，解決する力	・家族・家庭や地域における生活の中から住生活について問題を見いだし，課題をもって考え，解決する力
	C消費生活・環境		・日常生活の中から消費生活・環境について問題を見いだし，課題をもって考え，解決する力	・家族・家庭や地域における生活の中から消費生活・環境について問題を見いだし，課題をもって考え，解決する力
学びに向かう力、人間性等			家族の一員として，生活をよりよくしようと工夫する実践的な態度	家族や地域の人々と協働し，よりよい生活の実現に向けて，生活を工夫し創造しようとする実践的な態度
	A家族・家庭生活		・家庭生活をよりよくしようと工夫する実践的な態度 ・家族や地域の人々と関わり，協力しようとする態度	・家庭生活を工夫し創造しようとする実践的な態度 ・家庭生活を支える一員として生活をよりよくしようとする態度 ・地域の人々と関わり，協働しようとする態度
	B衣食住の生活	食生活	・食生活をよりよくしようと工夫する実践的な態度 ・食生活における日本の生活文化を大切にしようとする態度	・食生活を工夫し創造しようとする実践的な態度 ・食生活における日本の生活文化を継承しようとする態度
		衣生活	・衣生活をよりよくしようと工夫する実践的な態度 ・衣生活における日本の生活文化を大切にしようとする態度	・衣生活を工夫し創造しようとする実践的な態度 ・衣生活における日本の生活文化を継承しようとする態度
		住生活	・住生活をよりよくしようと工夫する実践的な態度 ・住生活における日本の生活文化を大切にしようとする態度	・住生活を工夫し創造しようとする実践的な態度 ・住生活における日本の生活文化を継承しようとする態度
	C消費生活・環境		・身近な消費生活と環境をよりよくしようと工夫する実践的な態度	・身近な消費生活と環境について工夫し創造しようとする実践的な態度

		小学校	中学校
生活の課題と実践	A家族・家庭生活	・日常生活の中から問題を見いだして課題を設定し，よりよい生活を考え，計画を立てて実践できること	・家族，幼児の生活又は地域の生活の中から問題を見いだして課題を設定し，その解決に向けてよりよい生活を考え，計画を立てて実践できること
	B衣食住の生活		・食生活，衣生活，住生活の中から問題を見いだして課題を設定し，その解決に向けてよりよい生活を考え，計画を立てて実践できること
	C消費生活・環境		・自分や家族の消費生活の中から問題を見いだして課題を設定し，その解決に向けて環境に配慮した消費生活を考え，計画を立てて実践できること

小学校家庭，中学校技術・家庭　家庭分野の内容一覧

小学校	中学校
A　家族・家庭生活	**A　家族・家庭生活**
(1) 自分の成長と家族・家庭生活 ア　自分の成長の自覚，家庭生活と家族の大切さ，家族との協力 (2) 家庭生活と仕事 ア　家庭の仕事と生活時間 イ　家庭の仕事の計画と工夫 (3) 家族や地域の人々との関わり ア(ア) 家族との触れ合いや団らん (イ) 地域の人々との関わり イ　家族や地域の人々との関わりの工夫 (4) 家族・家庭生活についての課題と実践 ア　日常生活についての課題と計画，実践，評価	(1) 自分の成長と家族・家庭生活 ア　自分の成長と家庭生活との関わり，家族・家庭の基本的な機能，家族や地域の人々との協力・協働 (2) 幼児の生活と家族 ア(ア) 幼児の発達と生活の特徴，家族の役割 (イ) 幼児の遊びの意義，幼児との関わり方 イ　幼児との関わり方の工夫 (3) 家族・家庭や地域との関わり ア(ア) 家族の協力と家族関係 (イ) 家庭生活と地域との関わり，高齢者との関わり方 イ　家族関係をよりよくする方法及び地域の人々と協働する方法の工夫 (4) 家族・家庭生活についての課題と実践 ア　家族，幼児の生活又は地域の生活についての課題と計画，実践，評価
B　衣食住の生活	**B　衣食住の生活**
(1) 食事の役割 ア　食事の役割と食事の大切さ，日常の食事の仕方 イ　楽しく食べるための食事の仕方の工夫 (2) 調理の基礎 ア(ア) 材料の分量や手順，調理計画 (イ) 用具や食器の安全で衛生的な取扱い，加熱用調理器具の安全な取扱い (ウ) 材料に応じた洗い方，調理に適した切り方，味の付け方，盛り付け，配膳及び後片付け (エ) 材料に適したゆで方，いため方 (オ) 伝統的な日常食の米飯及びみそ汁の調理の仕方 イ　おいしく食べるための調理計画及び調理の工夫 (3) 栄養を考えた食事 ア(ア) 体に必要な栄養素の種類と働き (イ) 食品の栄養的な特徴と組合せ (ウ) 献立を構成する要素，献立作成の方法 イ　1食分の献立の工夫 (4) 衣服の着用と手入れ ア(ア) 衣服の主な働き，日常着の快適な着方 (イ) 日常着の手入れ，ボタン付け及び洗濯の仕方 イ　日常着の快適な着方や手入れの工夫 (5) 生活を豊かにするための布を用いた製作 ア(ア) 製作に必要な材料や手順，製作計画 (イ) 手縫いやミシン縫いによる縫い方，用具の安全な取扱い イ　生活を豊かにするための布を用いた物の製作計画及び製作の工夫 (6) 快適な住まい方 ア(ア) 住まいの主な働き，季節の変化に合わせた生活の大切さや住まい方 (イ) 住まいの整理・整頓や清掃の仕方 イ　季節の変化に合わせた住まい方，整理・整頓や清掃の仕方の工夫	(1) 食事の役割と中学生の栄養の特徴 ア(ア) 食事が果たす役割 (イ) 中学生の栄養の特徴，健康によい食習慣 イ　健康によい食習慣の工夫 (2) 中学生に必要な栄養を満たす食事 ア(ア) 栄養素の種類と働き，食品の栄養的特質 (イ) 中学生の1日に必要な食品の種類と概量，献立作成の方法 イ　中学生の1日分の献立の工夫 (3) 日常食の調理と地域の食文化 ア(ア) 用途に応じた食品の選択 (イ) 食品や調理用具等の安全と衛生に留意した管理 (ウ) 材料に適した加熱調理の仕方，基礎的な日常食の調理 (エ) 地域の食文化，地域の食材を用いた和食の調理 イ　日常の1食分のための食品の選択と調理計画及び調理の工夫 (4) 衣服の選択と手入れ ア(ア) 衣服と社会生活との関わり，目的に応じた着用や個性を生かす着用，衣服の選択 (イ) 衣服の計画的な活用，衣服の材料や状態に応じた日常着の手入れ イ　日常着の選択や手入れの工夫 (5) 生活を豊かにするための布を用いた製作 ア　製作する物に適した材料や縫い方，用具の安全な取扱い イ　生活を豊かにするための資源や環境に配慮した布を用いた物の製作計画及び製作の工夫 (6) 住居の機能と安全な住まい方 ア(ア) 家族の生活と住空間との関わり，住居の基本的な機能 (イ) 家族の安全を考えた住空間の整え方 イ　家族の安全を考えた住空間の整え方の工夫 (7) 衣食住の生活についての課題と実践 ア　食生活，衣生活，住生活についての課題と計画，実践，評価
C　消費生活・環境	**C　消費生活・環境**
(1) 物や金銭の使い方と買物 ア(ア) 買物の仕組みや消費者の役割，物や金銭の大切さ，計画的な使い方 (イ) 身近な物の選び方，買い方，情報の収集・整理 イ　身近な物の選び方，買い方の工夫 (2) 環境に配慮した生活 ア　身近な環境との関わり，物の使い方 イ　環境に配慮した物の使い方の工夫	(1) 金銭の管理と購入 ア(ア) 購入方法や支払い方法の特徴，計画的な金銭管理 (イ) 売買契約の仕組み，消費者被害，物資・サービスの選択に必要な情報の収集・整理 イ　情報を活用した物資・サービスの購入の工夫 (2) 消費者の権利と責任 ア　消費者の基本的な権利と責任，消費生活が環境や社会に及ぼす影響 イ　自立した消費者としての消費行動の工夫 (3) 消費生活・環境についての課題と実践 ア　環境に配慮した消費生活についての課題と計画，実践，評価

※枠囲みは選択項目　3学年間で1以上を選択

第3章　指導計画の作成と内容の取扱い

1　指導計画作成上の配慮事項

1　指導計画の作成に当たっては，次の事項に配慮するものとする。

(1) 題材など内容や時間のまとまりを見通して，その中で育む資質・能力の育成に向けて，生徒の主体的・対話的で深い学びの実現を図るようにすること。その際，生活の営みに係る見方・考え方や技術の見方・考え方を働かせ，知識を相互に関連付けてより深く理解するとともに，生活や社会の中から問題を見いだして解決策を構想し，実践を評価・改善して，新たな課題の解決に向かう過程を重視した学習の充実を図ること。

(2) 技術分野及び家庭分野の授業時数については，3学年間を見通した全体的な指導計画に基づき，いずれかの分野に偏ることなく配当して履修させること。その際，各学年において，技術分野及び家庭分野のいずれも履修させること。

家庭分野の内容の「A家族・家庭生活」の(4)，「B衣食住の生活」の(7)及び「C消費生活・環境」の(3)については，これら三項目のうち，一以上を選択し履修させること。その際，他の内容と関連を図り，実践的な活動を家庭や地域などで行うことができるよう配慮すること。

(3) 技術分野の内容の「A材料と加工の技術」から「D情報の技術」まで，及び家庭分野の内容の「A家族・家庭生活」から「C消費生活・環境」までの各項目に配当する授業時数及び各項目の履修学年については，生徒や学校，地域の実態等に応じて，各学校において適切に定めること。その際，家庭分野の内容の「A家族・家庭生活」の(1)については，小学校家庭科の学習を踏まえ，中学校における学習の見通しを立てさせるために，第1学年の最初に履修させること。

(4) 各項目及び各項目に示す事項については，相互に有機的な関連を図り，総合的に展開されるよう適切な題材を設定して計画を作成すること。その際，生徒や学校，地域の実態を的確に捉え，指導の効果を高めるようにすること。また，小学校における学習を踏まえるとともに，高等学校における学習を見据え，他教科等との関連を明確にして系統的・発展的に指導ができるようにすること。さらに，持続可能な開発のための教育を推進する視点から他教科等との連携も図ること。

(5) 障害のある生徒などについては，学習活動を行う場合に生じる困難さに応じた指導内容や指導方法の工夫を計画的，組織的に行うこと。

(6) 第1章総則の第1の2の(2)に示す道徳教育の目標に基づき，道徳科などとの関連を考慮しながら，第3章特別の教科道徳の第2に示す内容について，技術・家庭科の特質に応じて適切な指導をすること。

指導計画の作成に当たっては，法令及び学習指導要領「総則」のほか前記の事項に配慮することとしている。技術・家庭科の標準の授業時数は，「学校教育法施行規則」により，これまでと同じ，第1学年70単位時間，第2学年70単位時間，第3学年35単位時間と定められている。

技術分野においては，現代社会で活用されている技術を「A材料と加工の技術」，「B生物育成の技術」，「Cエネルギー変換の技術」，「D情報の技術」の四つに整理し，全ての生徒に履修させることは従前と同様である。

家庭分野においては，小・中・高等学校の内容の系統性を明確にし，基礎的・基本的な知識及び技能の確実な定着を図るため，これまでの「A家族・家庭と子どもの成長」，「B食生活と自立」，「C衣生活・住生活と自立」，「D身近な消費生活と環境」の四つの内容を小学校と同様に「A家族・家庭生活」，「B衣食住の生活」，「C消費生活・環境」の三つに整理し，全ての生徒に履修させることとした。ただし，習得した知識及び技能などを活用し，これからの生活を展望して課題を解決する力と実践的な態度を育むことの必要性から，「生活の課題と実践」に当たる三項目については，一以上選択して履修させることとした。

各分野の指導に当たっては，前回の学習指導要領に引き続き，各学校が創意工夫して教育課程を編成できるようにする観点や，基礎的・基本的な知識及び技能を確実に身に付けさせるとともに生徒の興味・関心等に応じて課題を設定できるようにする観点から，各分野の各項目に配当する授業時数及び履修学年については，生徒や学校，地域の実態等に応じて各学校で適切に定めることとしている。

したがって，各学校においては，これらの趣旨を踏まえ，これまで以上に生徒や学校，地域の実態等を考慮し，創意工夫を生かしつつ，全体として調和のとれた具体的な指導計画を作成することが重要である。

指導計画の作成に当たっての配慮事項は次のとおりである。

(1)「主体的・対話的で深い学び」の実現に向けた授業改善

この事項は，技術・家庭科の指導計画の作成に当たり，生徒の主体的・対話的で深い学びの実現を目指した授業改善を進めることとし，技術・家庭科の特質に応じて，効果的な学習が展開できるように配慮すべき内容を示したものである。

技術・家庭科の指導に当たっては，(1)「知識及び技能」が習得されること，(2)「思考力，判断力，表現力等」を育成すること，(3)「学びに向かう力，人間性等」を涵(かん)養することが偏りなく実現されるよう，題材など内容や時間のまとまりを見通しながら，主体的・対話的で深い学びの実現に向けた授業改善を行うことが重要である。

生徒に技術・家庭科の指導を通して基礎的・基本的な「知識及び技能」や「思考力，判断力，表現力等」の育成を目指す授業改善を行うことはこれまでも多くの実践が重ねられてきている。そのような着実に取り組まれてきた実践を否定し，全く異なる指導方法を導入しなければならないと捉えるのではなく，生徒や学校の実態，指導の内容に応じ，「主体的な学び」，「対話的な学び」，「深い学び」の視点から授業改善を図ることが重要である。

主体的・対話的で深い学びは，必ずしも１単位時間の授業の中で全てが実現されるものではない。題材など内容や時間のまとまりの中で，例えば，主体的に学習に取り組めるよう学習の見通しを立てたり学習したことを振り返ったりする場面をどこに設定するか，対話によって自分の考えなどを広げたり深めたりする場面をどこに設定するか，学びの深まりをつくりだすために，生徒が考える場面と教師が教える場面をどのように組み立てるか，といった視点で授業改善を進めることが求められる。また，生徒や学校の実態に応じ，多様な学習活動を組み合わせて授業を組み立てていくことが重要であり，基礎的・基本的な「知識及び技能」の習得に課題が見られる場合には，それを身に付けるために，生徒の主体性を引き出すなどの工夫を重ね，確実な習得を図ることが必要である。

主体的・対話的で深い学びの実現に向けた授業改善を進めるに当たり，特に「深い学び」の視点に関して，各教科等の学びの深まりの鍵となるのが「見方・考え方」である。各教科等の特質に応じた物事を捉える視点や考え方である「見方・考え方」を，習得・活用・探究という学びの過程の中で働かせることを通じて，より質の高い深い学びにつなげることが重要である。

技術・家庭科における「主体的な学び」とは，現在及び将来を見据えて，生活や社会の中から問題を見いだし課題を設定し，見通しをもって解決に取り組むとともに，学習の過程を振り返って実践を評価・改善して，新たな課題に主体的に取り組む態度を育む学びである。そのため，学習した内容を実際の生活で生かす場面を設定し，自分の生活が家庭や地域社会と深く関わっていることを認識したり，自分が社会に参画し貢献できる存在であることに気付いたりする活動に取り組むことなどが考えられる。

「対話的な学び」とは，他者と対話したり協働したりする中で，自らの考えを明確にしたり，広げ深めたりする学びである。なお，技術分野では，例えば，直接，他者との協働を伴わなくとも，既製品の分解等の活動を通してその技術の開発者が設計に込めた意図を読み取るといったことなども，対話的な学びとなる。

「深い学び」とは，生徒が生活や社会の中から問題を見いだして課題を設定し，その解決に向けた解決策の検討，計画，実践，評価・改善といった一連の学習活動の中で，生活の営みに係る見方・考え方や技術の見方・考え方を働かせながら課題の解決に向けて自分の考えを構想したり，表現したりして，資質・能力を獲得する学びである。このような学びを通して，生活や技術に関する事実的知識が概念的知識として質的に高まったり，技能の習熟・定着が図られたりする。また，このような学びの中で「対話的な学び」や「主体的な学び」を充実させることによって，技術・家庭科が育成を目指す思考力，判断力，表現力等も豊かなものとなり，生活や技術についての課題を解決する力や，生活や技術を工夫し創造しようとする態度も育まれる。

(2) 3学年間を見通した全体的な指導計画

指導計画を作成するに当たっては，教科の目標の実現を目指し，中学校3学年間を見通した全体的な指導計画を検討する。

① 技術分野及び家庭分野の授業時数については，これまでどおり教科の目標の実現を図るため，3学年間を通して，いずれかの分野に偏ることなく授業時数を配当する。例えば，技術分野及び家庭分野の授業時数を各学年で等しく配当する場合や，第1学年では技術分野，第2学年では家庭分野に比重を置き，最終的に3学年間で等しく配当する場合などが考えられる。

なお，技術分野，家庭分野それぞれの学習の連続性を考慮し，各学年において，技術分野及び家庭分野のいずれも履修させることとする。

② 技術分野の内容AからD及び家庭分野の内容AからCは，全ての生徒に履修させることとする。その際，家庭分野の内容の「A家族・家庭生活」の(4)，「B衣食住の生活」の(7)及び「C消費生活・環境」の(3)については，これら三項目のうち，一以上の項目を選択して履修させるようにする。

これらの選択して履修する項目については，他の内容との関連を図るとともに，実践的な活動を家庭や地域などで行うことができるよう，各学校がその実態に応じて工夫して指導計画を作成するが，生徒が学習する項目を選択できるようにすることが望ましい。

(3) 各分野の各項目に配当する授業時数及び各項目の履修学年

技術分野及び家庭分野の各項目に配当する授業時数及び各項目の履修学年については，技術分野の内容AからD及び家庭分野の内容AからCの各項目に適切な授業時数を配当するとともに，3学年間を見通して履修学年や指導内容を適切に配列する。

なお，家庭分野の内容の「A家族・家庭生活」の(1)については，家庭分野を学習する意義を明確にするとともに，小学校での学習を踏まえ，3学年間の学習の見通しを立てさせるガイダンス的な内容として，第1学年の最初に履修させることとする。

① 技術分野の内容ＡからＤ及び家庭分野の内容ＡからＣの各項目に配当する授業時数については，各項目に示される指導内容や生徒や学校，地域の実態等に応じて各学校で適切に定めることとする。授業時数の配当に当たっては，それぞれの項目については，全ての生徒に履修させる基礎的・基本的な内容であるので，それぞれの学習の目的が達成されるように授業時数を配当して指導計画を作成することが重要である。

② 履修学年については，生徒の発達の段階や興味・関心，学校や地域の実態，分野間及び他教科等との関連を考慮し，３学年間にわたる全体的な指導計画に基づき各学校で適切に定めるようにする。

また，技術分野の内容ＡからＤ及び家庭分野の内容ＡからＣの各項目については，各項目及び各項目に示す事項の関連性や系統性に留意し，適切な時期に分散して履修させる場合や特定の時期に集中して履修させる場合，３学年間を通して履修させる場合などを考えて計画的な履修ができるよう配慮する。

技術分野においては，例えば，「Ｂ生物育成の技術」について，理科などの関連する教科等との連携を考慮して，適切な時期に分散して履修させる場合や特定の時期に集中して履修させる場合，３学年間を通して履修させる場合などが考えられる。

家庭分野においては，例えば，各内容の「生活の課題と実践」の項目について，全ての生徒が履修する内容を学習した後に履修させる場合や，学習する途中で,「生活の課題と実践」を組み合わせて履修させる場合が考えられる。いずれの場合にも他の内容と関連を図り，３学年間で一以上選択して履修できるよう，生徒や学校，地域の実態に応じて，系統的な指導計画となるよう配慮する。

なお,「生活の課題と実践」の履修の時期については，全ての生徒が履修する内容との組合せ方により，学期中のある時期に集中させて実施したり，特定の期間を設けて継続的に実施したり，長期休業を活用して実施したりするなどの方法が考えられる。いずれの場合も，生徒が生活の課題を具体的に解決できる取組となるように学習の時期を考慮し効果的に実施できるよう配慮する。

(4) 題材の設定

技術・家庭科における題材とは，教科の目標及び各分野の目標の実現を目指して，各項目に示される指導内容を指導単位にまとめて組織したものである。したがって，題材の設定に当たっては，各項目及び各項目に示す事項との関連を見極め，相互に有機的な関連を図り，系統的及び総合的に学習が展開されるよう配慮することが重要である。

技術分野においては，例えば，「Ｃエネルギー変換の技術」の(2)生活や社会における問題をエネルギー変換の技術によって解決する活動を履修する場合，「Ａ材料と加工の技術」の(2)生活や社会における問題を材料と加工の技術によって解決する活動や「Ｄ情報の技術」の(3)生活や社会における問題を計測・制御のプログラムによって解決する活動との関連を図り，題材を設定することが考えられる。

家庭分野においては，例えば，「Ｃ消費生活・環境」の(1)及び(2)については，内容の「Ａ家族・家庭生活」又は「Ｂ衣食住の生活」との関連を図り，題材を設定することが考えられる。

また，生徒や学校，地域の実態等を十分考慮するとともに，次の観点に配慮して実践的・体験的な活動を中心とした題材を設定して計画を作成することが必要である。

① 小学校における家庭科及び図画工作科等の関連する教科の指導内容や中学校の他教科等との関連を図るとともに，高等学校における学習を見据え，教科のねらいを十分達成できるよう基礎的・基本的な内容を押さえたもの。

② 生徒の発達の段階に応じたもので，興味・関心を高めるとともに，生徒の主体的な学習活動や個性を生かすことができるもの。

③ 生徒の身近な生活との関わりや社会とのつながりを重視したもので，自己の生活の向上とともに家庭や地域社会における実践に結び付けることができるもの。

④ 持続可能な開発のための教育を推進する視点から，関係する教科等のそれぞれの特質を踏まえて連携を図ることができるもの。

(5) 障害のある生徒などへの指導

障害者の権利に関する条約に掲げられたインクルーシブ教育システムの構築を目指し，生徒の自立と社会参加を一層推進していくためには，通常の学級，通級による指導，特別支援学級，特別支援学校において，生徒の十分な学びを確保し，一人一人の生徒の障害の状態や発達の段階に応じた指導や支援を一層充実させていく必要がある。

通常の学級においても，発達障害を含む障害のある生徒が在籍している可能性があることを前提に，全ての教科等において，一人一人の教育的ニーズに応じたきめ細かな指導や支援ができるよう，障害種別の指導の工夫のみならず，各教科等の学びの過程において考えられる困難さに対する指導の工夫の意図，手立てを明確にすることが重要である。

これを踏まえ，今回の改訂では，障害のある生徒などの指導に当たっては，個々の生徒によって，見えにくさ，聞こえにくさ，道具の操作の困難さ，移動上の制約，健康面や安全面での制約，発音のしにくさ，心理的な不安定，人間関係形成の困難さ，読み書きや計算等の困難さ，注意の集中を持続することが苦手であることなど，学習活動を行う場合に生じる困難さが異なることに留意し，個々の生徒の困難さに応じた指導内容や指導方法を工夫することを，各教科等において示している。

その際，技術・家庭科の目標や内容の趣旨，学習活動のねらいを踏まえ，学習内容の変更や学習活動の代替を安易に行うことがないよう留意するとともに，生徒の学習負担や心理面にも配慮する必要がある。

具体的には，技術・家庭科における配慮として，次のようなものが考えられる。

技術分野では，「A材料と加工の技術」の(2)において，周囲の状況に気が散りやすく，加工用の工具や機器を安全に使用することが難しい場合には，障害の状態に応じて，手元に集中して安全に作業に取り組めるように，個別の対応ができるような作業スペースや作業時間を確保したり，作業を補助するジグを用いたりすることが考えられる。

また，「D情報の技術」の(2)及び(3)において，新たなプログラムを設計することが難しい場合は，生徒が考えやすいように，教師があらかじめ用意した幾つかの見本となるプログラムをデータとして準備し，一部を自分なりに改良できるようにするなど，難易度の調整や段階的な指導に配慮することが考えられる。

家庭分野では，「B衣食住の生活」の(3)及び(5)において，調理や製作等の実習を行う際，学習活動の見通しをもったり，安全に用具等を使用したりすることが難しい場合には，個に応じて段階的に手順を写真やイラストで提示することや，安全への配慮を徹底するために，実習中の約束事を決め，随時生徒が視覚的に確認できるようにすることなどが考えられる。

また，グループで活動することが難しい場合には，他の生徒と協力する具体的な内容を明確にして役割分担したり，役割が実行できたかを振り返ることができるようにしたりすることなどが考えられる。

なお，学校においては，こうした点を踏まえ，個別の指導計画を作成し，必要な配慮を記載し，翌年度の担任等に引き継ぐことが必要である。

(6) 道徳科などとの関連

技術・家庭科の指導においては，その特質に応じて，道徳について適切に指導する必要がある。

第1章総則第1の2(2)においては，「学校における道徳教育は，特別の教科である道徳（以下「道徳科」という。）を要として学校の教育活動全体を通じて行うものであり，道徳科はもとより，各教科，外国語活動，総合的な学習の時間及び特別活動のそれぞれの特質に応じて，生徒の発達の段階を考慮して，適切な指導を行うこと」と規定されている。

技術・家庭科における道徳教育の指導においては，学習活動や学習態度への配慮，教師の態度や行動による感化とともに，以下に示すような技術・家庭科と道徳教育との関連を明確に意識しながら，適切な指導を行う必要がある。

技術・家庭科においては，目標を「生活の営みに係る見方・考え方や技術の見方・考え方を働かせ，生活や技術に関する実践的・体験的な活動を通して，よりよい生活の実現や持続可能な社会の構築に向けて，生活を工夫し創造する資質・能力を次のとおり育成することを目指す。」と示している。

生活を工夫し創造する資質・能力を身に付けることは，望ましい生活習慣を身に付けるとともに，勤労の尊さや意義を理解することにつながるものである。また，進んで生活を工夫し創造しようとする資質・能力を育てることは，家族への敬愛の念を深めるとともに，家庭や地域社会の一員としての自覚をもって自分の生き方を考え，生活や社会をよりよくしようとすることにつながるものである。

次に，道徳教育の要としての特別の教科である道徳（以下「道徳科」という。）の指導との関連を考慮する必要がある。技術・家庭科で扱った内容や教材の中で適切なものを，道徳科に活用することが効果的な場合もある。例えば，技術分野の「D情報の技術」の(1)生活や社会を支える情報の技術について調べる活動などにおける，仕組みの理解に基づく情報モラルの内容を踏まえた指導などが考えられる。また，道徳科で取り上げたことに関係のある内容や教材を技術・家庭科で扱う場合には，道徳科における指導の成果を生かすように工夫することも考えられる。例えば，家庭分野の「A家族・家庭生活」の(3)家族・家庭や地域との関わりの学習において，道徳科の「家族愛，家庭生活の充実」で用いた教材を活用し，指導することなどが考えられる。そのためにも，技術・家庭科の年間指導計画の作成などに際して，道徳教育の全体計画との関連，指導の内容及び時期等に配慮し，両者が相互に効果を高め合うようにすることが大切である。

2　内容の取扱いと指導上の配慮事項

> 2　第2の内容の取扱いについては，次の事項に配慮するものとする。
>
> (1) 指導に当たっては，衣食住やものづくりなどに関する実習等の結果を整理し考察する学習活動や，生活や社会における課題を解決するために言葉や図表，概念などを用いて考えたり，説明したりするなどの学習活動の充実を図ること。
>
> (2) 指導に当たっては，コンピュータや情報通信ネットワークを積極的に活用して，実習等における情報の収集・整理や，実践結果の発表などを行うことができるように工夫すること。
>
> (3) 基礎的・基本的な知識及び技能を習得し，基本的な概念などの理解を深めるとともに，仕事の楽しさや完成の喜びを体得させるよう，実践的・体験的な活動を充実すること。また，生徒のキャリア発達を踏まえて学習内容と将来の職業の選択や生き方との関わりについても扱うこと。
>
> (4) 資質・能力の育成を図り，一人一人の個性を生かし伸ばすよう，生徒の興味・関心を踏まえた学習課題の設定，技能の習得状況に応じた少人数指導や教材・教具の工夫など個に応じた指導の充実に努めること。
>
> (5) 生徒が，学習した知識及び技能を生活に活用したり，生活や社会の変化に対応したりすることができるよう，生活や社会の中から問題を見いだして課題を設定し解決する学習活動を充実するとともに，家庭や地域社会，企業などとの連携を図るよう配慮すること。

内容の取扱いと指導に当たっての配慮事項は次のとおりである。

(1) 言語活動の充実

言語は，自分の考えをまとめたり発表したりするなどの知的活動の基盤であり，人と人とをつなぐ意思の伝達機能，さらには，感性・情緒の基盤としての役割をもつ。

今回の改訂においても，生徒の思考力，判断力，表現力等を育むために，レポートの作成や論述といった知識及び技能を活用する場面を設定するなど，言語の能力を高める学習活動を重視している。

技術・家庭科においても，国語科で培った能力を基本に，知的活動の基盤という言語の役割の観点から，実習等の結果を整理し考察するといった学習活動を充実する必要がある。また，技術・家庭科の特質を踏まえ，生活における課題を解決するために，言葉だけでなく，設計図や献立表といった図表及び衣食住やものづくりに関する概念などを用いて考えたり，説明したりするなどの学習活動も充実する必要がある。その際，内容「D情報に関する技術」と関連させて，情報通信ネットワークや情報の特性を生かして考えを伝え合う活動を充実することも考えられる。

これらの言語活動の充実によって，技術・家庭科のねらいの定着を一層確実にすることができる。

なお，技術・家庭科で重視している実践的・体験的な活動は，様々な語彙の意味を実感を伴って理解させるという効果もある。これらも含めて，各項目の指導内容との関わり及び国語科をはじめとする他教科等との関連も踏まえ，言語の能力を高める学習活動を指導計画に位置付けておくことが大切である。

(2) コンピュータや情報通信ネットワークの活用

今回の学習指導要領で求められる主体的・対話的で深い学びを実現するためには，コンピュータや情報通信ネットワークを，生徒の思考の過程や結果を可視化したり，大勢の考えを瞬時に共有化したり，情報を収集し編集することを繰り返し行い試行錯誤したりするなどの学習場面において，積極的に活用することが求められる。

技術・家庭科においても，生活や社会の中から問題を見いだして課題を解決する活動の中で，課題の設定や解決策の具体化のために，情報通信ネットワークを活用して情報を収集・整理したり，実践の結果をコンピュータを用いて分かりやすく編集し，発表したりするなどの工夫が必要である。

技術分野では，課題の設定の場面において，踏まえなければならない条件の調査に情報通信ネットワークを活用したり，設計・計画の評価・改善の場面において，コンピュータを活用して生徒同士で情報を共有し，個々の設計・計画の修正に活用したりすることなどが考えられる。

家庭分野では，課題解決に向けて計画を立てる場面において，情報通信ネットワークを活用して調べたり，実践を評価・改善する場面において，コンピュータを活用して結果をまとめ，発表したりする活動が考えられる。

(3) 実践的・体験的な活動の充実とキャリア教育との関連

技術・家庭科では，実践的・体験的な活動を通して生活に必要な基礎的・基本的な知識及び技能を身に付けさせ，生活や社会の中から問題を見いだして解決する力を養うことによって，現在及び将来にわたる実際の生活の場で学習したことが生きて働く力となることをねらいとしている。その際，以下のような視点を重視することが大切である。

① 実践的・体験的な活動の充実

生活に必要な基礎的・基本的な知識及び技能は，実習や体験等の活動を通して生徒が習得するものであり，技術・家庭科では，従来から実践的・体験的な活動を重視している。各分野の目標にも「実践的・体験的な活動を通して」と示されており，直接体験することにより，具体的に考えよりよい行動の仕方を身に付けるとともに，知識及び技能の習得，基本的な概念の理解などを確かなものにすることが明確に示されている。

また，技術・家庭科において，仕事が楽しいと感じること，自分が作品を完成させることができた，課題を解決できたという達成感を味わうことは，知識及び技能を習得できたという喜びと習得した知識及び技能の意義を実感する機会でもある。さらに，失敗や困難を乗り越え，やり遂げたという成就感は，自分への自信にもつながる。すなわち，技術・家庭科における学習意欲を向上させる観点からも，実践的・体験的な活動を重視することとしている。

これら一連の学習活動を通して，技術・家庭科が目指す生活を工夫し創造する資質・能力を育てることができるのである。

したがって，指導に当たっては，実践的・体験的な活動を中心とし，生徒が学習の中で習得した知識及び技能を生活の場で生かせるよう，生徒の実態を踏まえた具体的な学習活動を設定することが必要である。その際，生徒の発達の段階や学習のねらいを考慮するとともに，製作，制作，育成，調理等の実習や，観察・実験，見学，調査・研究など，それぞれの特徴を生かした適切な学習活動を設定し，指導の効果を高めるようにする。

また，生徒の生活の実態を把握し，基礎的なものから応用的なものへ，簡単なものから難しいものへと発展させ，無理なく学習が進められるよう配慮して，学習の充実感を味わわせるとともに，発達の段階に応じた適切な資質・能力が身に付くよう配慮することが重要である。

② キャリア教育との関連

キャリア教育との関連については，今回の改訂において重視された，生徒一人一人に社会的・職業的自立に向けて必要な基盤となる能力や態度を育みキャリア発達を促す観点から，技術・家庭科の特質を踏まえた指導の改善を図ることが必要である。

技術分野においては，例えば，技術の発達を支え，技術革新を牽引するために必要な資質・能力を育成する観点から，知的財産を創造，保護及び活用していこうとする態度の育成に努めるとともに，技術の高度化や産業構造の変化等の社会の変化を踏まえ，我が国に根付いているものづくりの文化や伝統的な技術の継承，技術革新及びそれを担う職業・産業への関心，働くことの意義の理解，他者と協働して粘り強く物事を前に進めようとする態度，安全な生活や社会づくりに貢献しようとする態度を育むことも大切である。

そのために，内容のＡからＤの(1)の項目において，社会や産業で利用されている技術の仕組みを調べる活動や，内容のＡ，Ｂ，Ｃの(3)及び内容Ｄの(4)における社会の発展において技術が果たしてきた役割を考える活動などを通して，職業観や勤労観を育成することにも配慮することが大切である。

家庭分野においては，例えば，幼児との触れ合いや調理，製作等の学習活動が働くことの意義を見いだしたり，将来の職業を選択したりすることにつながる。また，これらの学習活動を通して，幼児や高齢者など，人とよりよく関わろうとする態度や，家族や地域の人々と協力・協働しようとする態度，製作等に粘り強く継続して取り組もうとする態度などを育み，成就感や達成感を味わわせることが学びに向かう意欲を高めることにつながる。そのために，保育士や栄養士など，学習内容に係る職業に携わる人材を活用し，話を聞くなどの活動を通して，職業観や勤労観を育成することにも配慮することが大切である。

(4) 個に応じた指導

技術・家庭科では，変化する社会に主体的に対応する資質・能力を身に付けさせるため，生活や社会の中から問題を見いだして適切な課題を設定し，習得した知識及び技能を活用し主体的・意欲的に課題解決に取り組み，解決のための方策を探る学習を行うため，必然的に生徒一人一人の興味・関心を踏まえた学習課題が設定され，個に応じた指導が必要となる。そのため，学習課題の解決に必要な技能の習得状況を把握し，必要に応じて少人数指導や教材・教具を工夫することで，生徒が自ら設定した課題の解決策を実現できるよう配慮することが必要である。

また，生徒の発達の段階によっては，問題を見いだしたり，課題を設定したりすることが困難な場合も考えられる。そのため，他教科で関連する内容の学習状況，題材の内容を踏まえた上で，生徒一人一人が興味・関心を踏まえた学習課題を設定できるよう，発達の段階に応じて，問題を見いだす範囲を生徒の生活範囲から社会に徐々に広げていくなど題材計画を工夫する必要がある。

(5) 生活や社会の中から問題を見いだして課題を設定し解決する学習活動と家庭や地域社会，企業などとの連携

① 問題解決的な学習の充実

よりよい生活の実現や持続可能な社会の構築に向けて，将来にわたって変化し続ける社会に主体的に対応していくためには，生活を営む上で生じる問

題を見いだして課題を設定し，自分なりの判断をして解決することができる能力，すなわち問題解決能力をもつことが必要である。

問題解決能力とは，課題を解決するに至るまでに段階的に関わる能力を全て含んだものであり，生活や社会の中から問題を見いだして課題を設定する力，課題の解決策や解決方法を検討・構想して具体化する力，知識及び技能を活用して課題解決に取り組む力，実践を評価して改善する力，課題解決の結果や実践を評価した結果を的確に創造的に表現する力などが挙げられる。これらの能力の育成には，生徒一人一人が，自らが問題を見いだして適切な課題を設定し，学習した知識及び技能を活用し主体的・意欲的に課題解決に取り組み，解決のための方策を探るなどの学習を繰り返し行うことが大切である。

そのためには，学習の進め方として，問題の発見や課題の設定，解決策や解決方法の検討及び具体化，課題解決に向けた実践，実践の評価・改善などの一連の学習過程を適切に組み立て，生徒が主体的に課題に向き合い，協働しながら，段階を追って学習を深められるよう配慮する必要がある。

また，３学年間の技術・家庭科の指導を通して育てたい資質・能力と各項目の指導内容との関わり及び指導の時期を明確にした３学年間の指導計画を作成するとともに，具体的な学習過程を工夫したり，思考を促す発問の工夫など日々の学習指導の在り方を改善したりするなどの意図的・計画的な授業設計が必要である。

なお，問題を見いだして課題を設定し，自分なりの判断をして解決するためには，根拠となる基準が重要であるので，生徒が個々の課題に直面した時のよりどころとなる価値判断の基準を育成することが必要である。その際，個人の生活の範囲だけで基準を設定するのではなく，生活の営みに係る見方・考え方や技術の見方・考え方を働かせ，自分の生活の在り方や技術への関わり方が，地域の人々の生活あるいは地球規模での視点から，将来も視野に入れた上で，どのような意味をもつのかを見極めることができるようにすることが望まれる。特に，技術分野においてこのような学習を行う際には，技術の利用には多様な考えがあることを踏まえ，取り上げる事例や利用する関連情報について適切に選択することが必要である。

② 家庭や地域社会，企業などとの連携

技術・家庭科の学習指導を進めるに当たっては，今回の改訂で重視された生活や社会の中から問題を見いだして課題を解決し，生活を工夫し創造する資質・能力を育むための指導を充実させることが必要である。

そのためには，家庭や地域社会における身近な課題を取り上げて学習したり，学習した知識及び技能を実際の生活で生かす場面を工夫したりするなど，生徒が学習を通して身に付けた資質・能力を生活や社会における問題解決の場面に活用できるような指導が求められる。そのことによって，生徒は，生活と技術との関わりを一層強く認識したり，生活や技術に関する様々なものの見方や考え方に気付いたり，自分の生活が家庭や地域社会と深く関わっていることや自分が社会に貢献できる存在であることにも気付いたりする。

また，生活や社会の中から問題を見いだして課題を設定し，最適な解決策を追究することや，生活や技術を具体的に工夫することを体験することなどによって，持続可能な社会の構築に貢献するために，生活を工夫し創造する資質・能力を育むことができる。

したがって，技術・家庭科の指導計画の作成に当たっては，生徒や学校，地域の実態を踏まえ，家庭や地域社会，企業などと効果的に連携が図れる題材を必要に応じて設定するなど，生徒が身に付けた資質・能力を生活に活用できるよう配慮する。

特に，家庭分野の指導事項「生活の課題と実践」においては，家庭や地域社会との連携を積極的に図り，効果的に学習が進められるよう配慮する必要がある。学習したことを衣食住などの生活に生かし継続的に実践を行うことによって，知識及び技能などの定着を図るとともに，学習した内容を深化・発展させたり，生活の価値に気付かせたり，生活の自立や将来の生活への展望をもたせたりすることができる。

3 実習の指導

> 3 実習の指導に当たっては，施設・設備の安全管理に配慮し，学習環境を整備するとともに，火気，用具，材料などの取扱いに注意して事故防止の指導を徹底し，安全と衛生に十分留意するものとする。
>
> その際，技術分野においては，正しい機器の操作や作業環境の整備等について指導するとともに，適切な服装や防護眼鏡・防塵(じん)マスクの着用，作業後の手洗いの実施等による安全の確保に努めることとする。
>
> 家庭分野においては，幼児や高齢者と関わるなど校外での学習について，事故の防止策及び事故発生時の対応策等を綿密に計画するとともに，相手に対する配慮にも十分留意するものとする。また，調理実習については，食物アレルギーにも配慮するものとする。

技術・家庭科では，製作，制作，育成，調理等の実習の指導において，機器類，刃物類，引火性液体，電気，ガス，火気などを取り扱うため，安全の保持に十分留意して学習指導を行う必要がある。特に，機器類を取り扱う際には，取扱説明書等に基づき適切な使用方法を遵守させるなど，事故防止に万全の注意を払うとともに，以下の点に留意する必要がある。

(1) 安全管理

① 実習室等の環境の整備と管理

実習室等の環境の整備と管理については，安全管理だけの問題ではなく，学習環境の整った実習室そのものが，生徒の内発的な学習意欲を高める効果があることに留意する。そのため，実習室内は生徒の学習意欲を喚起するように題材に関する資料や模型，生徒の主体的な学習を支える支援教材等を掲示するなど工夫し，作業の効率や安全・衛生管理にも配慮して施設・設備等の学習環境の整備に努めるようにする。

実習室等の施設の管理では，実習室の採光，通風，換気等に留意するとともに，生徒の作業動線を考慮して設備の整備をしたり，加工機器などの周囲には安全域を設けたりして事故防止に努める。また，設備の管理では，機器類の定期的な点検及び学習前の点検を行い，常に最良の状況を保持できるように留意する。例えば，ガス管が設備された実習室では，露出しているガス管の点検を定期的に行うなど，各実習室の安全管理に必要とされる事項を具体化し，それに基づき管理するようにする。

② 材料や用具の管理

材料や用具の管理は，学習効果を高めるとともに，作業の能率，衛生管理，事故防止にも関係しているので，実習等で使用する材料の保管，用具の手入れなど適切に行うようにする。調理実習では，火気，包丁，食品などについての安全と衛生に留意し，食品の購入や管理を適切に行うよう十分に留意する。

これらについては，生徒にも指導を行い，整備や手入れを適切に行うことが技能の習得を補完するとともに，実生活でも役立つことに気付くよう配慮する。

なお，廃棄物や残菜物については，持続可能な社会の構築に関連付けてその有効利用に努めるとともに，廃棄する場合は，自治体の分別方法等に対応して処理するようにする。栽培や飼育の実習では，実習後の土壌や資材等の処理について，地域の生態系へ影響を及ぼさないよう留意し，自治体の処理方法等に対応して処理するようにする。

(2) 安全指導

① 実習室の使用等

各学校の実態に即して実習室の使用規定や機器類の使用等に関する安全規則を定め，これらを指導計画の中に位置付けて指導の徹底を図るようにする。その際，事故が起きる状態とその理由などを予想させたり，その防止対策を考えさせたりするなど具体的に指導するようにする。また，事故・災害が発生した場合の応急処置と連絡の徹底等，緊急時の対応についても指導する。

② 学習時の服装及び留意事項

服装については，活動しやすいものを身に付けさせ，安全と衛生に配慮するようにする。

機器類の操作場面では，皮膚を露出しない作業着等を着用させたり，作業内容に応じて防護眼鏡，防塵(じん)マスク，手袋などの適切な保護具を着けさせたりする。また，作業後には手洗いを励行させるなど，衛生・健康面にも配慮するように指導する。

食品を扱う場面では，エプロンや三角巾を着用させて，清潔を保つようにするとともに，手洗いを励行させるなど衛生面に配慮するように指導する。

また，食物アレルギーについては，生徒の食物アレルギーに関する正確な情報の把握に努め，発症の原因となりやすい食物の管理や，発症した場合の緊急時対応について各学校の基本方針等を基に事前確認を行うとともに，保護者や関係機関等との情報共有を確実に行い，事故の防止に努めるようにする。具体的には，調理実習で扱う食材にアレルギーの原因となる物質を含む食品が含まれていないかを確認する。食品によっては直接口に入れなくても，手に触れたり，調理したときの蒸気を吸ったりすることで発症する場合もあるので十分配慮する。

③　校外での学習

見学，調査，実習等を校外で実施する場合には，目的地に到着するまでの移動経路や方法を事前に調査し，交通などの安全の確認や生徒自身の安全の確保に留意する。また，学習の対象が幼児や高齢者など人である場合には，相手に対する配慮や安全の確保などに十分気を配るように指導する。

校外での活動を計画する際には，校内での活動と同様に，事故を予見する力が求められる。また，事故の防止策及び事故発生時の対応策などについて綿密に計画し，教師の対応とともに生徒の対応についても指導の徹底を図るようにする。

付録

目次

学校教育法施行規則（抄）

昭和二十二年五月二十三日文部省令第十一号
一部改正：平成二十九年三月三十一日文部科学省令第二十号
平成三十年八月二十七日文部科学省令第二十七号

第四章　小学校

第二節　教育課程

第五十条　小学校の教育課程は，国語，社会，算数，理科，生活，音楽，図画工作，家庭，体育及び外国語の各教科（以下この節において「各教科」という。），特別の教科である道徳，外国語活動，総合的な学習の時間並びに特別活動によつて編成するものとする。

2　私立の小学校の教育課程を編成する場合は，前項の規定にかかわらず，宗教を加えることができる。この場合においては，宗教をもつて前項の特別の教科である道徳に代えることができる。

第五十四条　児童が心身の状況によつて履修することが困難な各教科は，その児童の心身の状況に適合するように課さなければならない。

第五十五条　小学校の教育課程に関し，その改善に資する研究を行うため特に必要があり，かつ，児童の教育上適切な配慮がなされていると文部科学大臣が認める場合においては，文部科学大臣が別に定めるところにより，第五十条第一項，第五十一条（中学校連携型小学校にあつては第五十二条の三，第七十九条の九第二項に規定する中学校併設型小学校にあつては第七十九条の十二において準用する第七十九条の五第一項）又は第五十二条の規定によらないことができる。

付録１

第五十五条の二　文部科学大臣が，小学校において，当該小学校又は当該小学校が設置されている地域の実態に照らし，より効果的な教育を実施するため，当該小学校又は当該地域の特色を生かした特別の教育課程を編成して教育を実施する必要があり，かつ，当該特別の教育課程について，教育基本法（平成十八年法律第百二十号）及び学校教育法第三十条第一項の規定等に照らして適切であり，児童の教育上適切な配慮がなされているものとして文部科学大臣が定める基準を満たしていると認める場合においては，文部科学大臣が別に定めるところにより，第五十条第一項，第五十一条（中学校連携型小学校にあつては第五十二条の三，第七十九条の九第二項に規定する中学校併設型小学校にあつては第七十九条の十二において準用する第七十九条の五第一項）又は第五十二条の規定の全部又は一部によらないことができる。

第五十六条　小学校において，学校生活への適応が困難であるため相当の期間小学校を欠席し引き続き欠席すると認められる児童を対象として，その実態に配慮した特別の教育課程を編成して教育を実施する必要があると文部科学大臣が認める場合においては，文部科学大臣が別に定めるところにより，第五十条第一項，第五十一条（中学校連携型小学校にあつては第五十二条の三，第七十九条の九第二項に規定する中学校併設型小学校にあつては第七十九条の十二において準用する第七十九条の五第一項）又は第五十二条の規定によらないことができる。

第五十六条の二　小学校において，日本語に通じない児童のうち，当該児童の日本語を理解し，使用する能力に応じた特別の指導を行う必要があるものを教育する場合には，文部科学大臣が別に定めるところにより，第五十条第一項，第五十一条（中学校連携型小学校にあつては第五十二条の三，第七十九条の九第二項に規定する中学校併設型小学校にあつては第七十九条の十二において準用する第七十九条の五第一項）及び第五十二条の規定にかかわらず，特別の教育課程によることができる。

第五十六条の三　前条の規定により特別の教育課程による場合においては，校長は，児童が設置者の定めるところにより他の小学校，義務教育学校の前期課程又は特別支援学校の小学部において受けた授業を，当該児童の在学する小学校において受けた当該特別の教育課程に係る授業とみなすことができる。

第五十六条の四　小学校において，学齢を経過した者のうち，その者の年齢，経験又は勤労の状況その他の実情に応じた特別の指導を行う必要があるものを夜間その他特別の時間において教育する場合には，文部科学大臣が別に定めるところにより，第五十条第一項，第五十一条（中学校連携型小学校にあつては第五十二条の三，第七十九条の九第二項に規定する中学校併設型小学校にあつては第七十九条の十二において準用する第七十九条の五第一項）及び第五十二条の規定にかかわらず，特別の教育課程によることができる。

第三節　学年及び授業日

第六十一条　公立小学校における休業日は，次のとおりとする。ただし，第三号に掲げる日を除き，当該学校を設置する地方公共団体の教育委員会（公立大学法人の設置する小学校にあつては，当該公立大学法人の理事長。第三号において同じ。）が必要と認める場合は，この限りでない。

一　国民の祝日に関する法律（昭和二十三年法律第百七十八号）に規定する日

二　日曜日及び土曜日

三　学校教育法施行令第二十九条第一項の規定により教育委員会が定める日

第六十二条　私立小学校における学期及び休業日は，当該学校の学則で定める。

第 五 章　中学校

第七十二条　中学校の教育課程は，国語，社会，数学，理科，音楽，美術，保健体育，技術・家庭及び外国語の各教科（以下本章及び第七章中「各教科」という。），特別の教科である道徳，総合的な学習の時間並びに特別活動によつて編成するものとする。

第七十三条　中学校（併設型中学校，第七十四条の二第二項に規定する小学校連携型中学校，第七十五条第二項に規定する連携型中学校及び第七十九条の九第二項に規定する小学校併設型中学校を除く。）の各学年における各教科，特別の教科である道徳，総合的な学習の時間及び特別活動のそれぞれの授業時数並びに各学年におけるこれらの総授業時数は，別表第二に定める授業時数を標準とする。

第七十四条　中学校の教育課程については，この章に定めるもののほか，教育課程の基準として文部科学大臣が別に公示する中学校学習指導要領によるものとする。

第七十九条　第四十一条から第四十九条まで，第五十条第二項，第五十四条から第六十八条までの規定は，中学校に準用する。この場合において，第四十二条中「五学級」とあるのは「二学級」と，第五十五条から第五十六条の二まで及び第五十六条の四の規定中「第五十条第一項」とあるのは「第七十二条」と，「第五十一条（中学校連携型小学校にあつては第五十二条の三，第七十九条の九第二項に規定する中学校併設型小学校にあつては第七十九条の十二において準用する第七十九条の五第一項）」とあるのは「第七十三条（併設型中学校にあつては第百十七条において準用する第百七条，小学校連携型中学校にあつては第七十四条の三，連携型中学校にあつては第七十六条，第七十九条の九第二項に規定する小学校併設型中学校にあつては第七十九条の十二において準用する第七十九条の五第二項）」と，「第五十二条」とあるのは「第七十四条」と，第五十五条の二中「第三十条第一項」とあるのは「第四十六条」と，第五十六条の三中「他の小学校，義務教育学校の前期課程又は特別支援学校の小学部」とあるのは「他の中学校，義務教育学校の後期課程，中等教育学校の前期課程又は特別支援学校の中学部」と読み替えるものとする。

付録１

第 八 章　特別支援教育

第百三十四条の二　校長は，特別支援学校に在学する児童等について個別の教育支援計画（学校と医療，保健，福祉，労働等に関する業務を行う関係機関及び民間団体（次項において「関係機関等」という。）との連携の下に行う当該児童等に対する長期的な支援に関する計画をいう。）を作成しなければならない。

２　校長は，前項の規定により個別の教育支援計画を作成するに当たつては，当該児童等又はその保護者の意向を踏まえつつ，あらかじめ，関係機関等と当該児童等の支援に関する必要な情報の共有を図らなければならない。

第百三十八条　小学校，中学校若しくは義務教育学校又は中等教育学校の前期課程における特別支援学級に係る教育課程については，特に必要がある場合は，第五十条第一項（第七十九条の六第一項において準用する場合を含む。），第五十一条，第五十二条（第七十九条の六第一項において準用する場合を含む。），第五十二条の三，第七十二条（第七十九条の六第二項及び第百八条第一項において準用する場合を含む。），第七十三条，第七十四条（第七十九条の六第二項及び第百八条第一項において準用する場合を含む。)，第七十四条の三，第七十六条，第七十九条の五（第七十九条の十二において準用する場合を含む。）及び第百七条（第百十七条において準用する場合を含む。）の規定にかかわらず，特別の教育課程によることができる。

第百三十九条の二　第百三十四条の二の規定は，小学校，中学校若しくは義務教育学校又は中等教育学校の前期課程における特別支援学級の児童又は生徒について準用する。

第百四十条　小学校，中学校，義務教育学校，高等学校又は中等教育学校において，次の各号のいずれかに該当する児童又は生徒（特別支援学級の児童及び生徒を除く。）のうち当該障害に応じた特別の指導を行う必要があるものを教育する場合には，文部科学大臣が別に定めるところにより，第五十条第一項（第七十九条の六第一項において準用する場合を含む。)，第五十一条，第五十二条（第七十九条の六第一項において準用する場合を含む。)，第五十二条の三，第七十二条（第七十九条の六第二項及び第百八条第一項において準用する場合を含む。)，第七十三条，第七十四条（第七十九条の六第二項及び第百八条第一項において準用する場合を含む。)，第七十四条の三，第七十六条，第七十九条の五（第七十九条の十二において準用する場合を含む。)，第八十三条及び第八十四条（第百八条第二項において準用する場合を含む。）並びに第百七条（第百十七条において準用する場合を含む。）の規定にかかわらず，特別の教育課程によることができる。

一　言語障害者

二　自閉症者

三　情緒障害者

四　弱視者

五　難聴者

六　学習障害者

七　注意欠陥多動性障害者

八　その他障害のある者で，この条の規定により特別の教育課程による教育を行うことが適当なもの

第百四十一条　前条の規定により特別の教育課程による場合においては，校長は，児童又は生徒が，当該小学校，中学校，義務教育学校，高等学校又は中等教育学校の設置者の定めるところにより他の小学校，中学校，義務教育学校，高等学校，中等教育学校又は特別支援学校の小学部，中学部若しくは高等部において受けた授業を，当該小学校，中学校，義務教育学校，高等学校又は中等教育学校において受けた当該特別の教育課程に係る授業とみなすことができる。

第百四十一条の二　第百三十四条の二の規定は，第百四十条の規定により特別の指導が行われている児童又は生徒について準用する。

附則（平成二十九年三月三十一日文部科学省令第二十号）

この省令は，平成三十二年四月一日から施行する。

別表第二（第七十三条関係）

区分		第1学年	第2学年	第3学年
各教科の授業時数	国語	140	140	105
	社会	105	105	140
	数学	140	105	140
	理科	105	140	140
	音楽	45	35	35
	美術	45	35	35
	保健体育	105	105	105
	技術・家庭	70	70	35
	外国語	140	140	140
特別の教科である道徳の授業時数		35	35	35
総合的な学習の時間の授業時数		50	70	70
特別活動の授業時数		35	35	35
総授業時数		1015	1015	1015

備考

一　この表の授業時数の一単位時間は，五十分とする。

二　特別活動の授業時数は，中学校学習指導要領で定める学級活動（学校給食に係るものを除く。）に充てるものとする。

中学校学習指導要領　第１章　総則

第１　中学校教育の基本と教育課程の役割

１　各学校においては，教育基本法及び学校教育法その他の法令並びにこの章以下に示すところに従い，生徒の人間として調和のとれた育成を目指し，生徒の心身の発達の段階や特性及び学校や地域の実態を十分考慮して，適切な教育課程を編成するものとし，これらに掲げる目標を達成するよう教育を行うものとする。

２　学校の教育活動を進めるに当たっては，各学校において，第３の１に示す主体的・対話的で深い学びの実現に向けた授業改善を通して，創意工夫を生かした特色ある教育活動を展開する中で，次の(1)から(3)までに掲げる事項の実現を図り，生徒に生きる力を育むことを目指すものとする。

(1) 基礎的・基本的な知識及び技能を確実に習得させ，これらを活用して課題を解決するために必要な思考力，判断力，表現力等を育むとともに，主体的に学習に取り組む態度を養い，個性を生かし多様な人々との協働を促す教育の充実に努めること。その際，生徒の発達の段階を考慮して，生徒の言語活動など，学習の基盤をつくる活動を充実するとともに，家庭との連携を図りながら，生徒の学習習慣が確立するよう配慮すること。

(2) 道徳教育や体験活動，多様な表現や鑑賞の活動等を通して，豊かな心や創造性の涵(かん)養を目指した教育の充実に努めること。

学校における道徳教育は，特別の教科である道徳（以下「道徳科」という。）を要として学校の教育活動全体を通じて行うものであり，道徳科はもとより，各教科，総合的な学習の時間及び特別活動のそれぞれの特質に応じて，生徒の発達の段階を考慮して，適切な指導を行うこと。

道徳教育は，教育基本法及び学校教育法に定められた教育の根本精神に基づき，人間としての生き方を考え，主体的な判断の下に行動し，自立した人間として他者と共によりよく生きるための基盤となる道徳性を養うことを目標とすること。

道徳教育を進めるに当たっては，人間尊重の精神と生命に対する畏敬の念を家庭，学校，その他社会における具体的な生活の中に生かし，豊かな心をもち，伝統と文化を尊重し，それらを育んできた我が国と郷土を愛し，個性豊かな文化の創造を図るとともに，平和で民主的な国家及び社会の形成者として，公共の精神を尊び，社会及び国家の発展に努め，他国を尊重し，国際社会の平和と発展や環境の保全に貢献し未来を拓(ひら)く主体性のある日本人の育成に資することとなるよう特に留意すること。

(3) 学校における体育・健康に関する指導を，生徒の発達の段階を考慮して，学校の教育活動全体を通じて適切に行うことにより，健康で安全な生活と豊かなスポーツライフの実現を目指した教育の充実に努めること。特に，学校における食育の推進並びに体力の向上に関する指導，安全に関する指導及び心身の健康の保持増進に関する指導については，保健体育科，技術・家庭科及び特別活動の時間はもとより，各教科，道徳科及び総合的な学習の時間などにおいてもそれぞれの特質に応じて適切に行うよう努めること。また，それらの指導を通して，家庭や地域社会との連携を図りながら，日常生活において適切な体育・健康に関する活動の実践を促し，生涯を通じて健康・安全で活力ある生活を送るための基礎が培われるよう配慮すること。

３　２の(1)から(3)までに掲げる事項の実現を図り，豊かな創造性を備え持続可能な社会の創り手となることが期待される生徒に，生きる力を育むことを目指すに当たっては，学校教育全体並びに各教科，道徳科，総合的な学習の時間及び特別活動（以下「各教科等」という。ただし，第２の３の(2)のア及びウにおいて，特別活動については学級活動（学校給食に係るものを除く。）に限る。）の指導を通してどのような資質・能力の育成を目指すのかを明確にしながら，教育活動の充実を図るものとする。その際，生徒の発達の段階や特性等を踏まえつつ，次に掲げることが偏りなく実現できるようにするものとする。

(1) 知識及び技能が習得されるようにすること。

(2) 思考力，判断力，表現力等を育成すること。

(3) 学びに向かう力，人間性等を涵(かん)養すること。

4 各学校においては，生徒や学校，地域の実態を適切に把握し，教育の目的や目標の実現に必要な教育の内容等を教科等横断的な視点で組み立てていくこと，教育課程の実施状況を評価してその改善を図っていくこと，教育課程の実施に必要な人的又は物的な体制を確保するとともにその改善を図っていくことなどを通して，教育課程に基づき組織的かつ計画的に各学校の教育活動の質の向上を図っていくこと（以下「カリキュラム・マネジメント」という。）に努めるものとする。

第2 教育課程の編成

1 各学校の教育目標と教育課程の編成

教育課程の編成に当たっては，学校教育全体や各教科等における指導を通して育成を目指す資質・能力を踏まえつつ，各学校の教育目標を明確にするとともに，教育課程の編成についての基本的な方針が家庭や地域とも共有されるよう努めるものとする。その際，第4章総合的な学習の時間の第2の1に基づき定められる目標との関連を図るものとする。

2 教科等横断的な視点に立った資質・能力の育成

(1) 各学校においては，生徒の発達の段階を考慮し，言語能力，情報活用能力（情報モラルを含む。），問題発見・解決能力等の学習の基盤となる資質・能力を育成していくことができるよう，各教科等の特質を生かし，教科等横断的な視点から教育課程の編成を図るものとする。

(2) 各学校においては，生徒や学校，地域の実態及び生徒の発達の段階を考慮し，豊かな人生の実現や災害等を乗り越えて次代の社会を形成することに向けた現代的な諸課題に対応して求められる資質・能力を，教科等横断的な視点で育成していくことができるよう，各学校の特色を生かした教育課程の編成を図るものとする。

3 教育課程の編成における共通的事項

(1) 内容等の取扱い

ア 第2章以下に示す各教科，道徳科及び特別活動の内容に関する事項は，特に示す場合を除き，いずれの学校においても取り扱わなければならない。

イ 学校において特に必要がある場合には，第2章以下に示していない内容を加えて指導することができる。また，第2章以下に示す内容の取扱いのうち内容の範囲や程度等を示す事項は，全ての生徒に対して指導するものとする内容の範囲や程度等を示したものであり，学校において特に必要がある場合には，この事項にかかわらず加えて指導することができる。ただし，これらの場合には，第2章以下に示す各教科，道徳科及び特別活動の目標や内容の趣旨を逸脱したり，生徒の負担過重となったりすることのないようにしなければならない。

ウ 第2章以下に示す各教科，道徳科及び特別活動の内容に掲げる事項の順序は，特に示す場合を除き，指導の順序を示すものではないので，学校においては，その取扱いについて適切な工夫を加えるものとする。

エ 学校において2以上の学年の生徒で編制する学級について特に必要がある場合には，各教科の目標の達成に支障のない範囲内で，各教科の目標及び内容について学年別の順序によらないことができる。

オ　各学校においては，生徒や学校，地域の実態を考慮して，生徒の特性等に応じた多様な学習活動が行えるよう，第2章に示す各教科や，特に必要な教科を，選択教科として開設し生徒に履修させることができる。その場合にあっては，全ての生徒に指導すべき内容との関連を図りつつ，選択教科の授業時数及び内容を適切に定め選択教科の指導計画を作成し，生徒の負担過重となることのないようにしなければならない。また，特に必要な教科の名称，目標，内容などについては，各学校が適切に定めるものとする。

カ　道徳科を要として学校の教育活動全体を通じて行う道徳教育の内容は，第3章特別の教科道徳の第2に示す内容とし，その実施に当たっては，第6に示す道徳教育に関する配慮事項を踏まえるものとする。

(2) 授業時数等の取扱い

ア　各教科等の授業は，年間35週以上にわたって行うよう計画し，週当たりの授業時数が生徒の負担過重にならないようにするものとする。ただし，各教科等や学習活動の特質に応じ効果的な場合には，夏季，冬季，学年末等の休業日の期間に授業日を設定する場合を含め，これらの授業を特定の期間に行うことができる。

イ　特別活動の授業のうち，生徒会活動及び学校行事については，それらの内容に応じ，年間，学期ごと，月ごとなどに適切な授業時数を充てるものとする。

ウ　各学校の時間割については，次の事項を踏まえ適切に編成するものとする。

(ｱ) 各教科等のそれぞれの授業の1単位時間は，各学校において，各教科等の年間授業時数を確保しつつ，生徒の発達の段階及び各教科等や学習活動の特質を考慮して適切に定めること。

(ｲ) 各教科等の特質に応じ，10分から15分程度の短い時間を活用して特定の教科等の指導を行う場合において，当該教科等を担当する教師が，単元や題材など内容や時間のまとまりを見通した中で，その指導内容の決定や指導の成果の把握と活用等を責任をもって行う体制が整備されているときは，その時間を当該教科等の年間授業時数に含めることができること。

(ｳ) 給食，休憩などの時間については，各学校において工夫を加え，適切に定めること。

(ｴ) 各学校において，生徒や学校，地域の実態，各教科等や学習活動の特質等に応じて，創意工夫を生かした時間割を弾力的に編成できること。

エ　総合的な学習の時間における学習活動により，特別活動の学校行事に掲げる各行事の実施と同様の成果が期待できる場合においては，総合的な学習の時間における学習活動をもって相当する特別活動の学校行事に掲げる各行事の実施に替えることができる。

(3) 指導計画の作成等に当たっての配慮事項

各学校においては，次の事項に配慮しながら，学校の創意工夫を生かし，全体として，調和のとれた具体的な指導計画を作成するものとする。

ア　各教科等の指導内容については，(1)のアを踏まえつつ，単元や題材など内容や時間のまとまりを見通しながら，そのまとめ方や重点の置き方に適切な工夫を加え，第3の1に示す主体的・対話的で深い学びの実現に向けた授業改善を通して資質・能力を育む効果的な指導ができるようにすること。

イ　各教科等及び各学年相互間の関連を図り，系統的，発展的な指導ができるようにすること。

4　学校段階間の接続

教育課程の編成に当たっては，次の事項に配慮しながら，学校段階間の接続を図るものとする。

(1) 小学校学習指導要領を踏まえ，小学校教育までの学習の成果が中学校教育に円滑に接続され，義務教育段階の終わりまでに育成することを目指す資質・能力を，生徒が確実に身に付けることができるよう工夫すること。特に，義務教育学校，小学校連携型中学校及び小学校併設型中学校においては，義務教育9年間を見通した計画的かつ継続的な教育課程を編成すること。

(2) 高等学校学習指導要領を踏まえ，高等学校教育及びその後の教育との円滑な接続が図られるよう工夫すること。特に，中等教育学校，連携型中学校及び併設型中学校においては，中等教育6年間を見通した計画的かつ継続的な教育課程を編成すること。

第3　教育課程の実施と学習評価

1　主体的・対話的で深い学びの実現に向けた授業改善

各教科等の指導に当たっては，次の事項に配慮するものとする。

(1) 第1の3の(1)から(3)までに示すことが偏りなく実現されるよう，単元や題材など内容や時間のまとまりを見通しながら，生徒の主体的・対話的で深い学びの実現に向けた授業改善を行うこと。

特に，各教科等において身に付けた知識及び技能を活用したり，思考力，判断力，表現力等や学びに向かう力，人間性等を発揮させたりして，学習の対象となる物事を捉え思考することにより，各教科等の特質に応じた物事を捉える視点や考え方（以下「見方・考え方」という。）が鍛えられていくことに留意し，生徒が各教科等の特質に応じた見方・考え方を働かせながら，知識を相互に関連付けてより深く理解したり，情報を精査して考えを形成したり，問題を見いだして解決策を考えたり，思いや考えを基に創造したりすることに向かう過程を重視した学習の充実を図ること。

(2) 第2の2の(1)に示す言語能力の育成を図るため，各学校において必要な言語環境を整えるとともに，国語科を要としつつ各教科等の特質に応じて，生徒の言語活動を充実すること。あわせて，(7)に示すとおり読書活動を充実すること。

(3) 第2の2の(1)に示す情報活用能力の育成を図るため，各学校において，コンピュータや情報通信ネットワークなどの情報手段を活用するために必要な環境を整え，これらを適切に活用した学習活動の充実を図ること。また，各種の統計資料や新聞，視聴覚教材や教育機器などの教材・教具の適切な活用を図ること。

(4) 生徒が学習の見通しを立てたり学習したことを振り返ったりする活動を，計画的に取り入れるように工夫すること。

(5) 生徒が生命の有限性や自然の大切さ，主体的に挑戦してみることや多様な他者と協働することの重要性などを実感しながら理解することができるよう，各教科等の特質に応じた体験活動を重視し，家庭や地域社会と連携しつつ体系的・継続的に実施できるよう工夫すること。

(6) 生徒が自ら学習課題や学習活動を選択する機会を設けるなど，生徒の興味・関心を生かした自主的，自発的な学習が促されるよう工夫すること。

(7) 学校図書館を計画的に利用しその機能の活用を図り，生徒の主体的・対話的で深い学びの実現に向けた授業改善に生かすとともに，生徒の自主的，自発的な学習活動や読書活動を充実すること。また，地域の図書館や博物館，美術館，劇場，音楽堂等の施設の活用を積極的に図り，資料を活用した情報の収集や鑑賞等の学習活動を充実すること。

2　学習評価の充実

学習評価の実施に当たっては，次の事項に配慮するものとする。

(1) 生徒のよい点や進歩の状況などを積極的に評価し，学習したことの意義や価値を実感できるようにすること。また，各教科等の目標の実現に向けた学習状況を把握する観点から，単元や題材など内容や時間のまとまりを見通しながら評価の場面や方法を工夫して，学習の過程や成果を評価し，指導の改善や学習意欲の向上を図り，資質・能力の育成に生かすようにすること。

(2) 創意工夫の中で学習評価の妥当性や信頼性が高められるよう，組織的かつ計画的な取組を推進するとともに，学年や学校段階を越えて生徒の学習の成果が円滑に接続されるように工夫すること。

第４　生徒の発達の支援

1　生徒の発達を支える指導の充実

教育課程の編成及び実施に当たっては，次の事項に配慮するものとする。

(1) 学習や生活の基盤として，教師と生徒との信頼関係及び生徒相互のよりよい人間関係を育てるため，日頃から学級経営の充実を図ること。また，主に集団の場面で必要な指導や援助を行うガイダンスと，個々の生徒の多様な実態を踏まえ，一人一人が抱える課題に個別に対応した指導を行うカウンセリングの双方により，生徒の発達を支援すること。

(2) 生徒が，自己の存在感を実感しながら，よりよい人間関係を形成し，有意義で充実した学校生活を送る中で，現在及び将来における自己実現を図っていくことができるよう，生徒理解を深め，学習指導と関連付けながら，生徒指導の充実を図ること。

(3) 生徒が，学ぶことと自己の将来とのつながりを見通しながら，社会的・職業的自立に向けて必要な基盤となる資質・能力を身に付けていくことができるよう，特別活動を要としつつ各教科等の特質に応じて，キャリア教育の充実を図ること。その中で，生徒が自らの生き方を考え主体的に進路を選択することができるよう，学校の教育活動全体を通じ，組織的かつ計画的な進路指導を行うこと。

(4) 生徒が，基礎的・基本的な知識及び技能の習得も含め，学習内容を確実に身に付けることができるよう，生徒や学校の実態に応じ，個別学習やグループ別学習，繰り返し学習，学習内容の習熟の程度に応じた学習，生徒の興味・関心等に応じた課題学習，補充的な学習や発展的な学習などの学習活動を取り入れることや，教師間の協力による指導体制を確保することなど，指導方法や指導体制の工夫改善により，個に応じた指導の充実を図ること。その際，第３の１の(3)に示す情報手段や教材・教具の活用を図ること。

2　特別な配慮を必要とする生徒への指導

(1) 障害のある生徒などへの指導

ア　障害のある生徒などについては，特別支援学校等の助言又は援助を活用しつつ，個々の生徒の障害の状態等に応じた指導内容や指導方法の工夫を組織的かつ計画的に行うものとする。

イ　特別支援学級において実施する特別の教育課程については，次のとおり編成するものとする。

(ｱ) 障害による学習上又は生活上の困難を克服し自立を図るため，特別支援学校小学部・中学部学習指導要領第７章に示す自立活動を取り入れること。

(ｲ) 生徒の障害の程度や学級の実態等を考慮の上，各教科の目標や内容を下学年の教科の目標や内容に替えたり，各教科を，知的障害者である生徒に対する教育を行う特別支援学校の各教科に替えたりするなどして，実態に応じた教育課程を編成すること。

ウ　障害のある生徒に対して，通級による指導を行い，特別の教育課程を編成する場合には，特別支援学校小学部・中学部学習指導要領第７章に示す自立活動の内容を参考とし，具体的な目標や内容を定め，指導を行うものとする。その際，効果的な指導が行われるよう，各教科等と通級による指導との関連を図るなど，教師間の連携に努めるものとする。

エ　障害のある生徒などについては，家庭，地域及び医療や福祉，保健，労働等の業務を行う関係機関との連携を図り，長期的な視点で生徒への教育的支援を行うために，個別の教育支援計画を作成し活用することに努めるとともに，各教科等の指導に当たって，個々の生徒の実態を的確に把握し，個別の指導計画を作成し活用することに努めるものとする。特に，特別支援学級に在籍する生徒や通級による指導を受ける生徒については，個々の生徒の実態を的確に把握し，個別の教育支援計画や個別の指導計画を作成し，効果的に活用するものとする。

(2) 海外から帰国した生徒などの学校生活への適応や，日本語の習得に困難のある生徒に対する日本語指導

ア　海外から帰国した生徒などについては，学校生活への適応を図るとともに，外国における生活経験を生かすなどの適切な指導を行うものとする。

イ　日本語の習得に困難のある生徒については，個々の生徒の実態に応じた指導内容や指導方法の工夫を組織的かつ計画的に行うものとする。特に，通級による日本語指導については，教師間の連携に努め，指導についての計画を個別に作成することなどにより，効果的な指導に努めるものとする。

(3) 不登校生徒への配慮

ア　不登校生徒については，保護者や関係機関と連携を図り，心理や福祉の専門家の助言又は援助を得ながら，社会的自立を目指す観点から，個々の生徒の実態に応じた情報の提供その他の必要な支援を行うものとする。

イ　相当の期間中学校を欠席し引き続き欠席すると認められる生徒を対象として，文部科学大臣が認める特別の教育課程を編成する場合には，生徒の実態に配慮した教育課程を編成するとともに，個別学習やグループ別学習など指導方法や指導体制の工夫改善に努めるものとする。

(4) 学齢を経過した者への配慮

ア　夜間その他の特別の時間に授業を行う課程において学齢を経過した者を対象として特別の教育課程を編成する場合には，学齢を経過した者の年齢，経験又は勤労状況その他の実情を踏まえ，中学校教育の目的及び目標並びに第２章以下に示す各教科等の目標に照らして，中学校教育を通じて育成を目指す資質・能力を身に付けることができるようにするものとする。

イ　学齢を経過した者を教育する場合には，個別学習やグループ別学習など指導方法や指導体制の工夫改善に努めるものとする。

第5　学校運営上の留意事項

1　教育課程の改善と学校評価，教育課程外の活動との連携等

ア　各学校においては，校長の方針の下に，校務分掌に基づき教職員が適切に役割を分担しつつ，相互に連携しながら，各学校の特色を生かしたカリキュラム・マネジメントを行うよう努めるものとする。また，各学校が行う学校評価については，教育課程の編成，実施，改善が教育活動や学校運営の中核となることを踏まえ，カリキュラム・マネジメントと関連付けながら実施するよう留意するものとする。

イ　教育課程の編成及び実施に当たっては，学校保健計画，学校安全計画，食に関する指導の全体計画，いじめの防止等のための対策に関する基本的な方針など，各分野における学校の全体計画等と関連付けながら，効果的な指導が行われるように留意するものとする。

ウ　教育課程外の学校教育活動と教育課程の関連が図られるように留意するものとする。特に，生徒の自主的，自発的な参加により行われる部活動については，スポーツや文化，科学等に親しませ，学習意欲の向上や責任感，連帯感の涵(かん)養等，学校教育が目指す資質・能力の育成に資するものであり，学校教育の一環として，教育課程との関連が図られるよう留意すること。その際，学校や地域の実態に応じ，地域の人々の協力，社会教育施設や社会教育関係団体等の各種団体との連携などの運営上の工夫を行い，持続可能な運営体制が整えられるようにするものとする。

2　家庭や地域社会との連携及び協働と学校間の連携

教育課程の編成及び実施に当たっては，次の事項に配慮するものとする。

ア　学校がその目的を達成するため，学校や地域の実態等に応じ，教育活動の実施に必要な人的又は物的な体制を家庭や地域の人々の協力を得ながら整えるなど，家庭や地域社会との連携及び協働を深めること。また，高齢者や異年齢の子供など，地域における世代を越えた交流の機会を設けること。

イ　他の中学校や，幼稚園，認定こども園，保育所，小学校，高等学校，特別支援学校などとの間の連携や交流を図るとともに，障害のある幼児児童生徒との交流及び共同学習の機会を設け，共に尊重し合いながら協働して生活していく態度を育むようにすること。

第６　道徳教育に関する配慮事項

道徳教育を進めるに当たっては，道徳教育の特質を踏まえ，前項までに示す事項に加え，次の事項に配慮するものとする。

1　各学校においては，第１の２の(2)に示す道徳教育の目標を踏まえ，道徳教育の全体計画を作成し，校長の方針の下に，道徳教育の推進を主に担当する教師（以下「道徳教育推進教師」という。）を中心に，全教師が協力して道徳教育を展開すること。なお，道徳教育の全体計画の作成に当たっては，生徒や学校，地域の実態を考慮して，学校の道徳教育の重点目標を設定するとともに，道徳科の指導方針，第３章特別の教科道徳の第２に示す内容との関連を踏まえた各教科，総合的な学習の時間及び特別活動における指導の内容及び時期並びに家庭や地域社会との連携の方法を示すこと。

2　各学校においては，生徒の発達の段階や特性等を踏まえ，指導内容の重点化を図ること。その際，小学校における道徳教育の指導内容を更に発展させ，自立心や自律性を高め，規律ある生活をすること，生命を尊重する心や自らの弱さを克服して気高く生きようとする心を育てること，法やきまりの意義に関する理解を深めること，自らの将来の生き方を考え主体的に社会の形成に参画する意欲と態度を養うこと，伝統と文化を尊重し，それらを育んできた我が国と郷土を愛するとともに，他国を尊重すること，国際社会に生きる日本人としての自覚を身に付けることに留意すること。

3　学校や学級内の人間関係や環境を整えるとともに，職場体験活動やボランティア活動，自然体験活動，地域の行事への参加などの豊かな体験を充実すること。また，道徳教育の指導内容が，生徒の日常生活に生かされるようにすること。その際，いじめの防止や安全の確保等にも資することとなるよう留意すること。

4　学校の道徳教育の全体計画や道徳教育に関する諸活動などの情報を積極的に公表したり，道徳教育の充実のために家庭や地域の人々の積極的な参加や協力を得たりするなど，家庭や地域社会との共通理解を深め，相互の連携を図ること。

中学校学習指導要領　第２章　第８節　技術・家庭

第１　目　標

生活の営みに係る見方・考え方や技術の見方・考え方を働かせ，生活や技術に関する実践的・体験的な活動を通して，よりよい生活の実現や持続可能な社会の構築に向けて，生活を工夫し創造する資質・能力を次のとおり育成することを目指す。

(1) 生活と技術についての基礎的な理解を図るとともに，それらに係る技能を身に付けるようにする。

(2) 生活や社会の中から問題を見いだして課題を設定し，解決策を構想し，実践を評価・改善し，表現するなど，課題を解決する力を養う。

(3) よりよい生活の実現や持続可能な社会の構築に向けて，生活を工夫し創造しようとする実践的な態度を養う。

第２　各分野の目標及び内容

〔技術分野〕

1　目　標

技術の見方・考え方を働かせ，ものづくりなどの技術に関する実践的・体験的な活動を通して，技術によってよりよい生活や持続可能な社会を構築する資質・能力を次のとおり育成することを目指す。

(1) 生活や社会で利用されている材料，加工，生物育成，エネルギー変換及び情報の技術についての基礎的な理解を図るとともに，それらに係る技能を身に付け，技術と生活や社会，環境との関わりについて理解を深める。

(2) 生活や社会の中から技術に関わる問題を見いだして課題を設定し，解決策を構想し，製作図等に表現し，試作等を通じて具体化し，実践を評価・改善するなど，課題を解決する力を養う。

(3) よりよい生活の実現や持続可能な社会の構築に向けて，適切かつ誠実に技術を工夫し創造しようとする実践的な態度を養う。

2　内　容

A　材料と加工の技術

(1) 生活や社会を支える材料と加工の技術について調べる活動などを通して，次の事項を身に付けることができるよう指導する。

ア　材料や加工の特性等の原理・法則と，材料の製造・加工方法等の基礎的な技術の仕組みについて理解すること。

イ　技術に込められた問題解決の工夫について考えること。

(2) 生活や社会における問題を，材料と加工の技術によって解決する活動を通して，次の事項を身に付けることができるよう指導する。

ア　製作に必要な図をかき，安全・適切な製作や検査・点検等ができること。

イ　問題を見いだして課題を設定し，材料の選択や成形の方法等を構想して設計を具体化するとともに，製作の過程や結果の評価，改善及び修正について考えること。

(3) これからの社会の発展と材料と加工の技術の在り方を考える活動などを通して，次の事項を身に付けることができるよう指導する。

ア　生活や社会，環境との関わりを踏まえて，技術の概念を理解すること。

イ　技術を評価し，適切な選択と管理・運用の在り方や，新たな発想に基づく改良と応用について考えること。

B　生物育成の技術

(1) 生活や社会を支える生物育成の技術について調べる活動などを通して，次の事項を身に付けることができるよう指導する。

ア　育成する生物の成長，生態の特性等の原理・法則と，育成環境の調節方法等の基礎的な技術の仕組みについて理解すること。

イ　技術に込められた問題解決の工夫について考えること。

(2) 生活や社会における問題を，生物育成の技術によって解決する活動を通して，次の事項を身に付けることができるよう指導する。

ア　安全・適切な栽培又は飼育，検査等ができること。

イ　問題を見いだして課題を設定し，育成環境の調節方法を構想して育成計画を立てるとともに，栽培又は飼育の過程や結果の評価，改善及び修正について考えること。

(3) これからの社会の発展と生物育成の技術の在り方を考える活動などを通して，次の事項を身に付けることができるよう指導する。

ア　生活や社会，環境との関わりを踏まえて，技術の概念を理解すること。

イ　技術を評価し，適切な選択と管理・運用の在り方や，新たな発想に基づく改良と応用について考えること。

C　エネルギー変換の技術

(1) 生活や社会を支えるエネルギー変換の技術について調べる活動などを通して，次の事項を身に付けることができるよう指導する。

ア　電気，運動，熱の特性等の原理・法則と，エネルギーの変換や伝達等に関わる基礎的な技術の仕組み及び保守点検の必要性について理解すること。

イ　技術に込められた問題解決の工夫について考えること。

(2) 生活や社会における問題を，エネルギー変換の技術によって解決する活動を通して，次の事項を身に付けることができるよう指導する。

ア　安全・適切な製作，実装，点検及び調整等ができること。

イ　問題を見いだして課題を設定し，電気回路又は力学的な機構等を構想して設計を具体化するとともに，製作の過程や結果の評価，改善及び修正について考えること。

(3) これからの社会の発展とエネルギー変換の技術の在り方を考える活動などを通して，次の事項を身に付けることができるよう指導する。

ア　生活や社会，環境との関わりを踏まえて，技術の概念を理解すること。

イ　技術を評価し，適切な選択と管理・運用の在り方や，新たな発想に基づく改良と応用について考えること。

D　情報の技術

(1) 生活や社会を支える情報の技術について調べる活動などを通して，次の事項を身に付けることができるよう指導する。

ア　情報の表現，記録，計算，通信の特性等の原理・法則と，情報のデジタル化や処理の自動化，システム化，情報セキュリティ等に関わる基礎的な技術の仕組み及び情報モラルの必要性について理解すること。

イ　技術に込められた問題解決の工夫について考えること。

(2) 生活や社会における問題を，ネットワークを利用した双方向性のあるコンテンツのプログラミングによって解決する活動を通して，次の事項を身に付けることができるよう指導する。

ア　情報通信ネットワークの構成と，情報を利用するための基本的な仕組みを理解し，安全・適切なプログラムの制作，動作の確認及びデバッグ等ができること。

イ　問題を見いだして課題を設定し，使用するメディアを複合する方法とその効果的な利用方法等を構想して情報処理の手順を具体化するとともに，制作の過程や結果の評価，改善及び修正について考えること。

(3) 生活や社会における問題を，計測・制御のプログラミングによって解決する活動を通して，次の事項を身に付けることができるよう指導する。

ア　計測・制御システムの仕組みを理解し，安全・適切なプログラムの制作，動作の確認及びデバッグ等ができること。

イ　問題を見いだして課題を設定し，入出力されるデータの流れを元に計測・制御システムを構想して情報処理の手順を具体化するとともに，制作の過程や結果の評価，改善及び修正について考えること。

(4) これからの社会の発展と情報の技術の在り方を考える活動などを通して，次の事項を身に付けることができるよう指導する。

ア　生活や社会，環境との関わりを踏まえて，技術の概念を理解すること。

イ　技術を評価し，適切な選択と管理・運用の在り方や，新たな発想に基づく改良と応用について考えること。

3　内容の取扱い

(1) 内容の「A材料と加工の技術」については，次のとおり取り扱うものとする。

ア　(1)については，我が国の伝統的な技術についても扱い，緻密なものづくりの技などが我が国の伝統や文化を支えてきたことに気付かせること。

イ　(2)の製作に必要な図については，主として等角図及び第三角法による図法を扱うこと。

(2) 内容の「B生物育成の技術」については，次のとおり取り扱うものとする。

ア　(1)については，作物の栽培，動物の飼育及び水産生物の栽培のいずれも扱うこと。

イ　(2)については，地域固有の生態系に影響を及ぼすことのないよう留意するとともに，薬品を使用する場合には，使用上の基準及び注意事項を遵守させること。

(3) 内容の「Cエネルギー変換の技術」の(1)については，電気機器や屋内配線等の生活の中で使用する製品やシステムの安全な使用についても扱うものとする。

(4) 内容の「D情報の技術」については，次のとおり取り扱うものとする。

ア　(1)については，情報のデジタル化の方法と情報の量，著作権を含めた知的財産権，発信した情報に対する責任，及び社会におけるサイバーセキュリティが重要であることについても扱うこと。

イ　(2)については，コンテンツに用いる各種メディアの基本的な特徴や，個人情報の保護の必要性についても扱うこと。

(5) 各内容における(1)については，次のとおり取り扱うものとする。

ア　アで取り上げる原理や法則に関しては，関係する教科との連携を図ること。

イ　イでは，社会からの要求，安全性，環境負荷や経済性などに着目し，技術が最適化されてきたことに気付かせること。

ウ　第1学年の最初に扱う内容では，3学年間の技術分野の学習の見通しを立てさせるために，内容の「A材料と加工の技術」から「D情報の技術」までに示す技術について触れること。

(6) 各内容における(2)及び内容の「D情報の技術」の(3)については，次のとおり取り扱うものとする。

ア　イでは，各内容の(1)のイで気付かせた見方・考え方により問題を見いだして課題を設定し，自分なりの解決策を構想させること。

イ　知的財産を創造，保護及び活用しようとする態度，技術に関わる倫理観，並びに他者と協働して粘り強く物事を前に進める態度を養うことを目指すこと。

ウ　第3学年で取り上げる内容では，これまでの学習を踏まえた統合的な問題について扱うこと。

エ　製作・制作・育成場面で使用する工具・機器や材料等については，図画工作科等の学習経験を踏まえるとともに，安全や健康に十分に配慮して選択すること。

(7) 内容の「A材料と加工の技術」，「B生物育成の技術」，「Cエネルギー変換の技術」の(3)及び内容の「D情報の技術」の(4)については，技術が生活の向上や産業の継承と発展，資源やエネルギーの有効利用，自然環境の保全等に貢献していることについても扱うものとする。

〔家庭分野〕

1　目　標

生活の営みに係る見方・考え方を働かせ，衣食住などに関する実践的・体験的な活動を通して，よりよい生活の実現に向けて，生活を工夫し創造する資質・能力を次のとおり育成することを目指す。

(1) 家族・家庭の機能について理解を深め，家族・家庭，衣食住，消費や環境などについて，生活の自立に必要な基礎的な理解を図るとともに，それらに係る技能を身に付けるようにする。

(2) 家族・家庭や地域における生活の中から問題を見いだして課題を設定し，解決策を構想し，実践を評価・改善し，考察したことを論理的に表現するなど，これからの生活を展望して課題を解決する力を養う。

(3) 自分と家族，家庭生活と地域との関わりを考え，家族や地域の人々と協働し，よりよい生活の実現に向けて，生活を工夫し創造しようとする実践的な態度を養う。

2　内　容

A　家族・家庭生活

次の(1)から(4)までの項目について，課題をもって，家族や地域の人々と協力・協働し，よりよい家庭生活に向けて考え，工夫する活動を通して，次の事項を身に付けることができるよう指導する。

(1) 自分の成長と家族・家庭生活

ア　自分の成長と家族や家庭生活との関わりが分かり，家族・家庭の基本的な機能について理解するとともに，家族や地域の人々と協力・協働して家庭生活を営む必要があることに気付くこと。

(2) 幼児の生活と家族

ア　次のような知識を身に付けること。

(ｱ) 幼児の発達と生活の特徴が分かり，子供が育つ環境としての家族の役割について理解すること。

(ｲ) 幼児にとっての遊びの意義や幼児との関わり方について理解すること。

イ　幼児とのよりよい関わり方について考え，工夫すること。

(3) 家族・家庭や地域との関わり

ア　次のような知識を身に付けること。

(ｱ) 家族の互いの立場や役割が分かり，協力することによって家族関係をよりよくできることについて理解すること。

(ｲ) 家庭生活は地域との相互の関わりで成り立っていることが分かり，高齢者など地域の人々と協働する必要があることや介護など高齢者との関わり方について理解すること。

イ　家族関係をよりよくする方法及び高齢者など地域の人々と関わり，協働する方法について考え，工夫すること。

(4) 家族・家庭生活についての課題と実践

ア　家族，幼児の生活又は地域の生活の中から問題を見いだして課題を設定し，その解決に向けてよりよい生活を考え，計画を立てて実践できること。

B　衣食住の生活

次の(1)から(7)までの項目について，課題をもって，健康・快適・安全で豊かな食生活，衣生活，住生活に向けて考え，工夫する活動を通して，次の事項を身に付けることができるよう指導する。

(1) 食事の役割と中学生の栄養の特徴

ア　次のような知識を身に付けること。

(ｱ) 生活の中で食事が果たす役割について理解すること。

(ｲ) 中学生に必要な栄養の特徴が分かり，健康によい食習慣について理解すること。

イ　健康によい食習慣について考え，工夫すること。

(2) 中学生に必要な栄養を満たす食事

ア　次のような知識を身に付けること。

(ｱ) 栄養素の種類と働きが分かり，食品の栄養的な特質について理解すること。

(ｲ) 中学生の1日に必要な食品の種類と概量が分かり，1日分の献立作成の方法について理解すること。

イ　中学生の1日分の献立について考え，工夫すること。

(3) 日常食の調理と地域の食文化

ア　次のような知識及び技能を身に付けること。

(ｱ) 日常生活と関連付け，用途に応じた食品の選択について理解し，適切にできること。

(ｲ) 食品や調理用具等の安全と衛生に留意した管理について理解し，適切にできること。

(ｳ) 材料に適した加熱調理の仕方について理解し，基礎的な日常食の調理が適切にできること。

(ｴ) 地域の食文化について理解し，地域の食材を用いた和食の調理が適切にできること。

イ　日常の1食分の調理について，食品の選択や調理の仕方，調理計画を考え，工夫すること。

(4) 衣服の選択と手入れ

ア　次のような知識及び技能を身に付けること。

(ｱ) 衣服と社会生活との関わりが分かり，目的に応じた着用，個性を生かす着用及び衣服の適切な選択について理解すること。

(ｲ) 衣服の計画的な活用の必要性，衣服の材料や状態に応じた日常着の手入れについて理解し，適切にできること。

イ　衣服の選択，材料や状態に応じた日常着の手入れの仕方を考え，工夫すること。

(5) 生活を豊かにするための布を用いた製作

ア　製作する物に適した材料や縫い方について理解し，用具を安全に取り扱い，製作が適切にできること。

イ　資源や環境に配慮し，生活を豊かにするために布を用いた物の製作計画を考え，製作を工夫すること。

(6) 住居の機能と安全な住まい方

ア　次のような知識を身に付けること。

(ｱ) 家族の生活と住空間との関わりが分かり，住居の基本的な機能について理解すること。

(ｲ) 家庭内の事故の防ぎ方など家族の安全を考えた住空間の整え方について理解すること。

イ　家族の安全を考えた住空間の整え方について考え，工夫すること。

(7) 衣食住の生活についての課題と実践

ア　食生活，衣生活，住生活の中から問題を見いだして課題を設定し，その解決に向けてよりよい生活を考え，計画を立てて実践できること。

C　消費生活・環境

次の(1)から(3)までの項目について，課題をもって，持続可能な社会の構築に向けて考え，工夫する活動を通して，次の事項を身に付けることができるよう指導する。

(1) 金銭の管理と購入

ア　次のような知識及び技能を身に付けること。

(ｱ) 購入方法や支払い方法の特徴が分かり，計画的な金銭管理の必要性について理解すること。

(ｲ) 売買契約の仕組み，消費者被害の背景とその対応について理解し，物資・サービスの選択に必要な情報の収集・整理が適切にできること。

イ　物資・サービスの選択に必要な情報を活用して購入について考え，工夫すること。

(2) 消費者の権利と責任

ア　消費者の基本的な権利と責任，自分や家族の消費生活が環境や社会に及ぼす影響について理解すること。

イ　身近な消費生活について，自立した消費者としての責任ある消費行動を考え，工夫すること。

(3) 消費生活・環境についての課題と実践

ア　自分や家族の消費生活の中から問題を見いだして課題を設定し，その解決に向けて環境に配慮した消費生活を考え，計画を立てて実践できること。

3　内容の取扱い

(1) 各内容については，生活の科学的な理解を深めるための実践的・体験的な活動を充実すること。

(2) 内容の「A家族・家庭生活」については，次のとおり取り扱うものとする。

ア　(1)のアについては，家族・家庭の基本的な機能がAからCまでの各内容に関わっていることや，家族・家庭や地域における様々な問題について，協力・協働，健康・快適・安全，生活文化の継承，持続可能な社会の構築等を視点として考え，解決に向けて工夫することが大切であることに気付かせるようにすること。

イ　(1)，(2)及び(3)については，相互に関連を図り，実習や観察，ロールプレイングなどの学習活動を中心とするよう留意すること。

ウ　(2)については，幼稚園，保育所，認定こども園などの幼児の観察や幼児との触れ合いができるよう留意すること。アの(ｱ)については，幼児期における周囲との基本的な信頼関係や生活習慣の形成の重要性についても扱うこと。

エ　(3)のアの(ｲ)については，高齢者の身体の特徴についても触れること。また，高齢者の介護の基礎に関する体験的な活動ができるよう留意すること。イについては，地域の活動や行事などを取り上げたり，他教科等における学習との関連を図ったりするよう配慮すること。

(3) 内容の「B衣食住の生活」については，次のとおり取り扱うものとする。

ア　日本の伝統的な生活についても扱い，生活文化を継承する大切さに気付くことができるよう配慮すること。

イ　(1)のアの(ｱ)については，食事を共にする意義や食文化を継承することについても扱うこと。

ウ　(2)のアの(ｱ)については，水の働きや食物繊維についても触れること。

エ　(3)のアの(ｱ)については，主として調理実習で用いる生鮮食品と加工食品の表示を扱うこと。(ｳ)については，煮る，焼く，蒸す等を扱うこと。また，魚，肉，野菜を中心として扱い，基礎的な題材を取り上げること。(ｴ)については，だしを用いた煮物又は汁物を取り上げること。また，地域の伝統的な行事食や郷土料理を扱うこともできること。

オ　食に関する指導については，技術・家庭科の特質に応じて，食育の充実に資するよう配慮すること。

カ　(4)のアの(ｱ)については，日本の伝統的な衣服である和服について触れること。また，和服の基本的な着装を扱うこともできること。さらに，既製服の表示と選択に当たっての留意事項を扱うこと。(ｲ)については，日常着の手入れは主として洗濯と補修を扱うこと。

キ　(5)のアについては，衣服等の再利用の方法についても触れること。

ク　(6)のアについては，簡単な図などによる住空間の構想を扱うこと。また，ア及びイについては，内容の「A家族・家庭生活」の(2)及び(3)との関連を図ること。さらに，アの(ｲ)及びイについては，自然災害に備えた住空間の整え方についても扱うこと。

(4)　内容の「C消費生活・環境」については，次のとおり取り扱うものとする。

ア　(1)及び(2)については，内容の「A家族・家庭生活」又は「B衣食住の生活」の学習との関連を図り，実践的に学習できるようにすること。

イ　(1)については，中学生の身近な消費行動と関連を図った物資・サービスや消費者被害を扱うこと。アの(ｱ)については，クレジットなどの三者間契約についても扱うこと。

第３　指導計画の作成と内容の取扱い

1　指導計画の作成に当たっては，次の事項に配慮するものとする。

(1)　題材など内容や時間のまとまりを見通して，その中で育む資質・能力の育成に向けて，生徒の主体的・対話的で深い学びの実現を図るようにすること。その際，生活の営みに係る見方・考え方や技術の見方・考え方を働かせ，知識を相互に関連付けてより深く理解するとともに，生活や社会の中から問題を見いだして解決策を構想し，実践を評価・改善して，新たな課題の解決に向かう過程を重視した学習の充実を図ること。

(2)　技術分野及び家庭分野の授業時数については，3学年間を見通した全体的な指導計画に基づき，いずれかの分野に偏ることなく配当して履修させること。その際，各学年において，技術分野及び家庭分野のいずれも履修させること。

家庭分野の内容の「A家族・家庭生活」の(4)，「B衣食住の生活」の(7)及び「C消費生活・環境」の(3)については，これら三項目のうち，一以上を選択し履修させること。その際，他の内容と関連を図り，実践的な活動を家庭や地域などで行うことができるよう配慮すること。

(3)　技術分野の内容の「A材料と加工の技術」から「D情報の技術」まで，及び家庭分野の内容の「A家族・家庭生活」から「C消費生活・環境」までの各項目に配当する授業時数及び各項目の履修学年については，生徒や学校，地域の実態等に応じて，各学校において適切に定めること。その際，家庭分野の内容の「A家族・家庭生活」の(1)については，小学校家庭科の学習を踏まえ，中学校における学習の見通しを立てさせるために，第1学年の最初に履修させること。

(4)　各項目及び各項目に示す事項については，相互に有機的な関連を図り，総合的に展開されるよう適切な題材を設定して計画を作成すること。その際，生徒や学校，地域の実態を的確に捉え，指導の効果を高めるようにすること。また，小学校における学習を踏まえるとともに，高等学校における学習を見据え，他教科等との関連を明確にして系統的・発展的に指導ができるようにすること。さらに，持続可能な開発のための教育を推進する視点から他教科等との連携も図ること。

(5) 障害のある生徒などについては，学習活動を行う場合に生じる困難さに応じた指導内容や指導方法の工夫を計画的，組織的に行うこと。

(6) 第1章総則の第1の2の(2)に示す道徳教育の目標に基づき，道徳科などとの関連を考慮しながら，第3章特別の教科道徳の第2に示す内容について，技術・家庭科の特質に応じて適切な指導をすること。

2　第2の内容の取扱いについては，次の事項に配慮するものとする。

(1) 指導に当たっては，衣食住やものづくりなどに関する実習等の結果を整理し考察する学習活動や，生活や社会における課題を解決するために言葉や図表，概念などを用いて考えたり，説明したりするなどの学習活動の充実を図ること。

(2) 指導に当たっては，コンピュータや情報通信ネットワークを積極的に活用して，実習等における情報の収集・整理や，実践結果の発表などを行うことができるように工夫すること。

(3) 基礎的・基本的な知識及び技能を習得し，基本的な概念などの理解を深めるとともに，仕事の楽しさや完成の喜びを体得させるよう，実践的・体験的な活動を充実すること。また，生徒のキャリア発達を踏まえて学習内容と将来の職業の選択や生き方との関わりについても扱うこと。

(4) 資質・能力の育成を図り，一人一人の個性を生かし伸ばすよう，生徒の興味・関心を踏まえた学習課題の設定，技能の習得状況に応じた少人数指導や教材・教具の工夫など個に応じた指導の充実に努めること。

(5) 生徒が，学習した知識及び技能を生活に活用したり，生活や社会の変化に対応したりすることができるよう，生活や社会の中から問題を見いだして課題を設定し解決する学習活動を充実するとともに，家庭や地域社会，企業などとの連携を図るよう配慮すること。

3　実習の指導に当たっては，施設・設備の安全管理に配慮し，学習環境を整備するとともに，火気，用具，材料などの取扱いに注意して事故防止の指導を徹底し，安全と衛生に十分留意するものとする。

その際，技術分野においては，正しい機器の操作や作業環境の整備等について指導するとともに，適切な服装や防護眼鏡・防塵（じん）マスクの着用，作業後の手洗いの実施等による安全の確保に努めることとする。

家庭分野においては，幼児や高齢者と関わるなど校外での学習について，事故の防止策及び事故発生時の対応策等を綿密に計画するとともに，相手に対する配慮にも十分留意するものとする。また，調理実習については，食物アレルギーにも配慮するものとする。

第１　目　標

生活の営みに係る見方・考え方を働かせ，衣食住などに関する実践的・体験的な活動を通して，生活をよりよくしようと工夫する資質・能力を次のとおり育成することを目指す。

(1) 家族や家庭，衣食住，消費や環境などについて，日常生活に必要な基礎的な理解を図るとともに，それらに係る技能を身に付けるようにする。

(2) 日常生活の中から問題を見いだして課題を設定し，様々な解決方法を考え，実践を評価・改善し，考えたことを表現するなど，課題を解決する力を養う。

(3) 家庭生活を大切にする心情を育み，家族や地域の人々との関わりを考え，家族の一員として，生活をよりよくしようと工夫する実践的な態度を養う。

第２　各学年の内容

〔第５学年及び第６学年〕

1　内　容

A　家族・家庭生活

次の(1)から(4)までの項目について，課題をもって，家族や地域の人々と協力し，よりよい家庭生活に向けて考え，工夫する活動を通して，次の事項を身に付けることができるよう指導する。

(1) 自分の成長と家族・家庭生活

ア　自分の成長を自覚し，家庭生活と家族の大切さや家庭生活が家族の協力によって営まれていることに気付くこと。

(2) 家庭生活と仕事

ア　家庭には，家庭生活を支える仕事があり，互いに協力し分担する必要があることや生活時間の有効な使い方について理解すること。

イ　家庭の仕事の計画を考え，工夫すること。

(3) 家族や地域の人々との関わり

ア　次のような知識を身に付けること。

(ｱ) 家族との触れ合いや団らんの大切さについて理解すること。

(ｲ) 家庭生活は地域の人々との関わりで成り立っていることが分かり，地域の人々との協力が大切であることを理解すること。

イ　家族や地域の人々とのよりよい関わりについて考え，工夫すること。

(4) 家族・家庭生活についての課題と実践

ア　日常生活の中から問題を見いだして課題を設定し，よりよい生活を考え，計画を立てて実践できること。

B　衣食住の生活

次の(1)から(6)までの項目について，課題をもって，健康・快適・安全で豊かな食生活，衣生活，住生活に向けて考え，工夫する活動を通して，次の事項を身に付けることができるよう指導する。

(1) 食事の役割

ア　食事の役割が分かり，日常の食事の大切さと食事の仕方について理解すること。

イ　楽しく食べるために日常の食事の仕方を考え，工夫すること。

(2) 調理の基礎

ア　次のような知識及び技能を身に付けること。

(ｱ) 調理に必要な材料の分量や手順が分かり，調理計画について理解すること。

(ｲ) 調理に必要な用具や食器の安全で衛生的な取扱い及び加熱用調理器具の安全な取扱いについて理解し，適切に使用できること。

(ｳ) 材料に応じた洗い方，調理に適した切り方，味の付け方，盛り付け，配膳及び後片付けを理解し，適切にできること。

(ｴ) 材料に適したゆで方，いため方を理解し，適切にできること。

(ｵ) 伝統的な日常食である米飯及びみそ汁の調理の仕方を理解し，適切にできること。

イ　おいしく食べるために調理計画を考え，調理の仕方を工夫すること。

(3) 栄養を考えた食事

ア　次のような知識を身に付けること。

(ｱ) 体に必要な栄養素の種類と主な働きについて理解すること。

(ｲ) 食品の栄養的な特徴が分かり，料理や食品を組み合わせてとる必要があることを理解すること。

(ｳ) 献立を構成する要素が分かり，1食分の献立作成の方法について理解すること。

イ　1食分の献立について栄養のバランスを考え，工夫すること。

(4) 衣服の着用と手入れ

ア　次のような知識及び技能を身に付けること。

(ｱ) 衣服の主な働きが分かり，季節や状況に応じた日常着の快適な着方について理解すること。

(ｲ) 日常着の手入れが必要であることや，ボタンの付け方及び洗濯の仕方を理解し，適切にできること。

イ　日常着の快適な着方や手入れの仕方を考え，工夫すること。

(5) 生活を豊かにするための布を用いた製作

ア　次のような知識及び技能を身に付けること。

(ｱ) 製作に必要な材料や手順が分かり，製作計画について理解すること。

(ｲ) 手縫いやミシン縫いによる目的に応じた縫い方及び用具の安全な取扱いについて理解し，適切にできること。

イ　生活を豊かにするために布を用いた物の製作計画を考え，製作を工夫すること。

(6) 快適な住まい方

ア　次のような知識及び技能を身に付けること。

(ｱ) 住まいの主な働きが分かり，季節の変化に合わせた生活の大切さや住まい方について理解すること。

(ｲ) 住まいの整理・整頓や清掃の仕方を理解し，適切にできること。

イ　季節の変化に合わせた住まい方，整理・整頓や清掃の仕方を考え，快適な住まい方を工夫すること。

C　消費生活・環境

次の(1)及び(2)の項目について，課題をもって，持続可能な社会の構築に向けて身近な消費生活と環境を考え，工夫する活動を通して，次の事項を身に付けることができるよう指導する。

(1) 物や金銭の使い方と買物

ア　次のような知識及び技能を身に付けること。

(ｱ) 買物の仕組みや消費者の役割が分かり，物や金銭の大切さと計画的な使い方について理解すること。

(ｲ) 身近な物の選び方，買い方を理解し，購入するために必要な情報の収集・整理が適切にできること。

イ　購入に必要な情報を活用し，身近な物の選び方，買い方を考え，工夫すること。

(2) 環境に配慮した生活

ア　自分の生活と身近な環境との関わりや環境に配慮した物の使い方などについて理解すること。

イ　環境に配慮した生活について物の使い方などを考え，工夫すること。

2　内容の取扱い

(1) 内容の「A家族・家庭生活」については，次のとおり取り扱うこと。

ア　(1)のアについては，AからCまでの各内容の学習と関連を図り，日常生活における様々な問題について，家族や地域の人々との協力，健康・快適・安全，持続可能な社会の構築等を視点として考え，解決に向けて工夫することが大切であることに気付かせるようにすること。

イ　(2)のイについては，内容の「B衣食住の生活」と関連を図り，衣食住に関わる仕事を具体的に実践できるよう配慮すること。

ウ　(3)については，幼児又は低学年の児童や高齢者など異なる世代の人々との関わりについても扱うこと。また，イについては，他教科等における学習との関連を図るよう配慮すること。

(2) 内容の「B衣食住の生活」については，次のとおり取り扱うこと。

ア　日本の伝統的な生活についても扱い，生活文化に気付くことができるよう配慮すること。

イ　(2)のアの(ｴ)については，ゆでる材料として青菜やじゃがいもなどを扱うこと。(ｵ)については，和食の基本となるだしの役割についても触れること。

ウ　(3)のアの(ｱ)については，五大栄養素と食品の体内での主な働きを中心に扱うこと。(ｳ)については，献立を構成する要素として主食，主菜，副菜について扱うこと。

エ　食に関する指導については，家庭科の特質に応じて，食育の充実に資するよう配慮すること。また，第4学年までの食に関する学習との関連を図ること。

オ　(5)については，日常生活で使用する物を入れる袋などの製作を扱うこと。

カ　(6)のアの(ｱ)については，主として暑さ・寒さ，通風・換気，採光，及び音を取り上げること。暑さ・寒さについては，(4)のアの(ｱ)の日常着の快適な着方と関連を図ること。

(3) 内容の「C消費生活・環境」については，次のとおり取り扱うこと。

ア　(1)については，内容の「A家族・家庭生活」の(3)，「B衣食住の生活」の(2)，(5)及び(6)で扱う用具や実習材料などの身近な物を取り上げること。

イ　(1)のアの(ｱ)については，売買契約の基礎について触れること。

ウ　(2)については，内容の「B衣食住の生活」との関連を図り，実践的に学習できるようにすること。

第3　指導計画の作成と内容の取扱い

1　指導計画の作成に当たっては，次の事項に配慮するものとする。

(1) 題材など内容や時間のまとまりを見通して，その中で育む資質・能力の育成に向けて，児童の主体的・対話的で深い学びの実現を図るようにすること。その際，生活の営みに係る見方・考え方を働かせ，知識を生活体験等と関連付けてより深く理解するとともに，日常生活の中から問題を見いだして様々な解決方法を考え，他者と意見交流し，実践を評価・改善して，新たな課題を見いだす過程を重視した学習の充実を図ること。

(2) 第2の内容の「A家族・家庭生活」から「C消費生活・環境」までの各項目に配当する授業時数及び各項目の履修学年については，児童や学校，地域の実態等に応じて各学校において適切に定めること。その際，「A家族・家庭生活」の(1)のアについては，第4学年までの学習を踏まえ，2学年間の学習の見通しをもたせるために，第5学年の最初に履修させるとともに，「A家族・家庭生活」,「B衣食住の生活」,「C消費生活・環境」の学習と関連させるようにすること。

(3) 第2の内容の「A家族・家庭生活」の(4)については，実践的な活動を家庭や地域などで行うことができるよう配慮し，2学年間で一つ又は二つの課題を設定して履修させること。その際，「A家族・家庭生活」の(2)又は(3)，「B衣食住の生活」，「C消費生活・環境」で学習した内容との関連を図り，課題を設定できるようにすること。

(4) 第2の内容の「B衣食住の生活」の(2)及び(5)については，学習の効果を高めるため，2学年間にわたって取り扱い，平易なものから段階的に学習できるよう計画すること。

(5) 題材の構成に当たっては，児童や学校，地域の実態を的確に捉えるとともに，内容相互の関連を図り，指導の効果を高めるようにすること。その際，他教科等との関連を明確にするとともに，中学校の学習を見据え，系統的に指導ができるようにすること。

(6) 障害のある児童などについては，学習活動を行う場合に生じる困難さに応じた指導内容や指導方法の工夫を計画的，組織的に行うこと。

(7) 第1章総則の第1の2の(2)に示す道徳教育の目標に基づき，道徳科などとの関連を考慮しながら，第3章特別の教科道徳の第2に示す内容について，家庭科の特質に応じて適切な指導をすること。

2　第2の内容の取扱いについては，次の事項に配慮するものとする。

(1) 指導に当たっては，衣食住など生活の中の様々な言葉を実感を伴って理解する学習活動や，自分の生活における課題を解決するために言葉や図表などを用いて生活をよりよくする方法を考えたり，説明したりするなどの学習活動の充実を図ること。

(2) 指導に当たっては，コンピュータや情報通信ネットワークを積極的に活用して，実習等における情報の収集・整理や，実践結果の発表などを行うことができるように工夫すること。

(3) 生活の自立の基礎を培う基礎的・基本的な知識及び技能を習得するために，調理や製作等の手順の根拠について考えたり，実践する喜びを味わったりするなどの実践的・体験的な活動を充実すること。

(4) 学習内容の定着を図り，一人一人の個性を生かし伸ばすよう，児童の特性や生活体験などを把握し，技能の習得状況に応じた少人数指導や教材・教具の工夫など個に応じた指導の充実に努めること。

(5) 家庭や地域との連携を図り，児童が身に付けた知識及び技能などを日常生活に活用できるよう配慮すること。

3　実習の指導に当たっては，次の事項に配慮するものとする。

(1) 施設・設備の安全管理に配慮し，学習環境を整備するとともに，熱源や用具，機械などの取扱いに注意して事故防止の指導を徹底すること。

(2) 服装を整え，衛生に留意して用具の手入れや保管を適切に行うこと。

(3) 調理に用いる食品については，生の魚や肉は扱わないなど，安全・衛生に留意すること。また，食物アレルギーについても配慮すること。

中学校学習指導要領　第３章　特別の教科　道徳

第1　目　標

第１章総則の第１の２の(2)に示す道徳教育の目標に基づき，よりよく生きるための基盤となる道徳性を養うため，道徳的諸価値についての理解を基に，自己を見つめ，物事を広い視野から多面的・多角的に考え，人間としての生き方についての考えを深める学習を通して，道徳的な判断力，心情，実践意欲と態度を育てる。

第2　内　容

学校の教育活動全体を通じて行う道徳教育の要である道徳科においては，以下に示す項目について扱う。

Ａ　主として自分自身に関すること

［自主，自律，自由と責任］

自律の精神を重んじ，自主的に考え，判断し，誠実に実行してその結果に責任をもつこと。

［節度，節制］

望ましい生活習慣を身に付け，心身の健康の増進を図り，節度を守り節制に心掛け，安全で調和のある生活をすること。

［向上心，個性の伸長］

自己を見つめ，自己の向上を図るとともに，個性を伸ばして充実した生き方を追求すること。

［希望と勇気，克己と強い意志］

より高い目標を設定し，その達成を目指し，希望と勇気をもち，困難や失敗を乗り越えて着実にやり遂げること。

［真理の探究，創造］

真実を大切にし，真理を探究して新しいものを生み出そうと努めること。

Ｂ　主として人との関わりに関すること

［思いやり，感謝］

思いやりの心をもって人と接するとともに，家族などの支えや多くの人々の善意により日々の生活や現在の自分があることに感謝し，進んでそれに応え，人間愛の精神を深めること。

［礼儀］

礼儀の意義を理解し，時と場に応じた適切な言動をとること。

［友情，信頼］

友情の尊さを理解して心から信頼できる友達をもち，互いに励まし合い，高め合うとともに，異性についての理解を深め，悩みや葛藤も経験しながら人間関係を深めていくこと。

［相互理解，寛容］

自分の考えや意見を相手に伝えるとともに，それぞれの個性や立場を尊重し，いろいろなものの見方や考え方があることを理解し，寛容の心をもって謙虚に他に学び，自らを高めていくこと。

Ｃ　主として集団や社会との関わりに関すること

［遵法精神，公徳心］

法やきまりの意義を理解し，それらを進んで守るとともに，そのよりよい在り方について考え，自他の権利を大切にし，義務を果たして，規律ある安定した社会の実現に努めること。

[公正，公平，社会正義]
正義と公正さを重んじ，誰に対しても公平に接し，差別や偏見のない社会の実現に努めること。
[社会参画，公共の精神]
社会参画の意識と社会連帯の自覚を高め，公共の精神をもってよりよい社会の実現に努めること。
[勤労]
勤労の尊さや意義を理解し，将来の生き方について考えを深め，勤労を通じて社会に貢献すること。
[家族愛，家庭生活の充実]
父母，祖父母を敬愛し，家族の一員としての自覚をもって充実した家庭生活を築くこと。
[よりよい学校生活，集団生活の充実]
教師や学校の人々を敬愛し，学級や学校の一員としての自覚をもち，協力し合ってよりよい校風をつくるとともに，様々な集団の意義や集団の中での自分の役割と責任を自覚して集団生活の充実に努めること。
[郷土の伝統と文化の尊重，郷土を愛する態度]
郷土の伝統と文化を大切にし，社会に尽くした先人や高齢者に尊敬の念を深め，地域社会の一員としての自覚をもって郷土を愛し，進んで郷土の発展に努めること。
[我が国の伝統と文化の尊重，国を愛する態度]
優れた伝統の継承と新しい文化の創造に貢献するとともに，日本人としての自覚をもって国を愛し，国家及び社会の形成者として，その発展に努めること。
[国際理解，国際貢献]
世界の中の日本人としての自覚をもち，他国を尊重し，国際的視野に立って，世界の平和と人類の発展に寄与すること。
D　主として生命や自然，崇高なものとの関わりに関すること
[生命の尊さ]
生命の尊さについて，その連続性や有限性なども含めて理解し，かけがえのない生命を尊重すること。
[自然愛護]
自然の崇高さを知り，自然環境を大切にすることの意義を理解し，進んで自然の愛護に努めること。
[感動，畏敬の念]
美しいものや気高いものに感動する心をもち，人間の力を超えたものに対する畏敬の念を深めること。
[よりよく生きる喜び]
人間には自らの弱さや醜さを克服する強さや気高く生きようとする心があることを理解し，人間として生きることに喜びを見いだすこと。

第３　指導計画の作成と内容の取扱い

1　各学校においては，道徳教育の全体計画に基づき，各教科，総合的な学習の時間及び特別活動との関連を考慮しながら，道徳科の年間指導計画を作成するものとする。なお，作成に当たっては，第２に示す内容項目について，各学年において全て取り上げることとする。その際，生徒や学校の実態に応じ，３学年間を見通した重点的な指導や内容項目間の関連を密にした指導，一つの内容項目を複数の時間で扱う指導を取り入れるなどの工夫を行うものとする。

付録５

2　第2の内容の指導に当たっては，次の事項に配慮するものとする。

(1) 学級担任の教師が行うことを原則とするが，校長や教頭などの参加，他の教師との協力的な指導などについて工夫し，道徳教育推進教師を中心とした指導体制を充実すること。

(2) 道徳科が学校の教育活動全体を通じて行う道徳教育の要としての役割を果たすことができるよう，計画的・発展的な指導を行うこと。特に，各教科，総合的な学習の時間及び特別活動における道徳教育としては取り扱う機会が十分でない内容項目に関わる指導を補うことや，生徒や学校の実態等を踏まえて指導をより一層深めること，内容項目の相互の関連を捉え直したり発展させたりすることに留意すること。

(3) 生徒が自ら道徳性を養う中で，自らを振り返って成長を実感したり，これからの課題や目標を見付けたりすることができるよう工夫すること。その際，道徳性を養うことの意義について，生徒自らが考え，理解し，主体的に学習に取り組むことができるようにすること。また，発達の段階を考慮し，人間としての弱さを認めながら，それを乗り越えてよりよく生きようとすることのよさについて，教師が生徒と共に考える姿勢を大切にすること。

(4) 生徒が多様な感じ方や考え方に接する中で，考えを深め，判断し，表現する力などを育むことができるよう，自分の考えを基に討論したり書いたりするなどの言語活動を充実すること。その際，様々な価値観について多面的・多角的な視点から振り返って考える機会を設けるとともに，生徒が多様な見方や考え方に接しながら，更に新しい見方や考え方を生み出していくことができるよう留意すること。

(5) 生徒の発達の段階や特性等を考慮し，指導のねらいに即して，問題解決的な学習，道徳的行為に関する体験的な学習等を適切に取り入れるなど，指導方法を工夫すること。その際，それらの活動を通じて学んだ内容の意義などについて考えることができるようにすること。また，特別活動等における多様な実践活動や体験活動も道徳科の授業に生かすようにすること。

(6) 生徒の発達の段階や特性等を考慮し，第2に示す内容との関連を踏まえつつ，情報モラルに関する指導を充実すること。また，例えば，科学技術の発展と生命倫理との関係や社会の持続可能な発展などの現代的な課題の取扱いにも留意し，身近な社会的課題を自分との関係において考え，その解決に向けて取り組もうとする意欲や態度を育てるよう努めること。なお，多様な見方や考え方のできる事柄について，特定の見方や考え方に偏った指導を行うことのないようにすること。

(7) 道徳科の授業を公開したり，授業の実施や地域教材の開発や活用などに家庭や地域の人々，各分野の専門家等の積極的な参加や協力を得たりするなど，家庭や地域社会との共通理解を深め，相互の連携を図ること。

3　教材については，次の事項に留意するものとする。

(1) 生徒の発達の段階や特性，地域の実情等を考慮し，多様な教材の活用に努めること。特に，生命の尊厳，社会参画，自然，伝統と文化，先人の伝記，スポーツ，情報化への対応等の現代的な課題などを題材とし，生徒が問題意識をもって多面的・多角的に考えたり，感動を覚えたりするような充実した教材の開発や活用を行うこと。

(2) 教材については，教育基本法や学校教育法その他の法令に従い，次の観点に照らし適切と判断されるものであること。

ア　生徒の発達の段階に即し，ねらいを達成するのにふさわしいものであること。

イ　人間尊重の精神にかなうものであって，悩みや葛藤等の心の揺れ，人間関係の理解等の課題も含め，生徒が深く考えることができ，人間としてよりよく生きる喜びや勇気を与えられるものであること。

ウ　多様な見方や考え方のできる事柄を取り扱う場合には，特定の見方や考え方に偏った取扱いがなされていないものであること。

4　生徒の学習状況や道徳性に係る成長の様子を継続的に把握し，指導に生かすよう努める必要がある。ただし，数値などによる評価は行わないものとする。

付録5

「道徳の内容」の学年段階・学校段階の一覧

	小学校第１学年及び第２学年（19）	小学校第３学年及び第４学年（20）
A　主として自分自身に関すること		
善悪の判断，自律，自由と責任	(1)　よいことと悪いこととの区別をし，よいと思うことを進んで行うこと。	(1)　正しいと判断したことは，自信をもって行うこと。
正直，誠実	(2)　うそをついたりごまかしをしたりしないで，素直に伸び伸びと生活すること。	(2)　過ちは素直に改め，正直に明るい心で生活すること。
節度，節制	(3)　健康や安全に気を付け，物や金銭を大切にし，身の回りを整え，わがままをしないで，規則正しい生活をすること。	(3)　自分でできることは自分でやり，安全に気を付け，よく考えて行動し，節度のある生活をすること。
個性の伸長	(4)　自分の特徴に気付くこと。	(4)　自分の特徴に気付き，長所を伸ばすこと。
希望と勇気，努力と強い意志	(5)　自分のやるべき勉強や仕事をしっかりと行うこと。	(5)　自分でやろうと決めた目標に向かって，強い意志をもち，粘り強くやり抜くこと。
真理の探究		
B　主として人との関わりに関すること		
親切，思いやり	(6)　身近にいる人に温かい心で接し，親切にすること。	(6)　相手のことを思いやり，進んで親切にすること。
感謝	(7)　家族など日頃世話になっている人々に感謝すること。	(7)　家族など生活を支えてくれている人々や現在の生活を築いてくれた高齢者に，尊敬と感謝の気持ちをもって接すること。
礼儀	(8)　気持ちのよい挨拶，言葉遣い，動作などに心掛けて，明るく接すること。	(8)　礼儀の大切さを知り，誰に対しても真心をもって接すること。
友情，信頼	(9)　友達と仲よくし，助け合うこと。	(9)　友達と互いに理解し，信頼し，助け合うこと。
相互理解，寛容		(10)　自分の考えや意見を相手に伝えるとともに，相手のことを理解し，自分と異なる意見も大切にすること。
C　主として集団や社会との関わりに関すること		
規則の尊重	(10)　約束やきまりを守り，みんなが使う物を大切にすること。	(11)　約束や社会のきまりの意義を理解し，それらを守ること。
公正，公平，社会正義	(11)　自分の好き嫌いにとらわれないで接すること。	(12)　誰に対しても分け隔てをせず，公正，公平な態度で接すること。
勤労，公共の精神	(12)　働くことのよさを知り，みんなのために働くこと。	(13)　働くことの大切さを知り，進んでみんなのために働くこと。
家族愛，家庭生活の充実	(13)　父母，祖父母を敬愛し，進んで家の手伝いなどをして，家族の役に立つこと。	(14)　父母，祖父母を敬愛し，家族みんなで協力し合って楽しい家庭をつくること。
よりよい学校生活，集団生活の充実	(14)　先生を敬愛し，学校の人々に親しんで，学級や学校の生活を楽しくすること。	(15)　先生や学校の人々を敬愛し，みんなで協力し合って楽しい学級や学校をつくること。
伝統と文化の尊重，国や郷土を愛する態度	(15)　我が国や郷土の文化と生活に親しみ，愛着をもつこと。	(16)　我が国や郷土の伝統と文化を大切にし，国や郷土を愛する心をもつこと。
国際理解，国際親善	(16)　他国の人々や文化に親しむこと。	(17)　他国の人々や文化に親しみ，関心をもつこと。
D　主として生命や自然，崇高なものとの関わりに関すること		
生命の尊さ	(17)　生きることのすばらしさを知り，生命を大切にすること。	(18)　生命の尊さを知り，生命あるものを大切にすること。
自然愛護	(18)　身近な自然に親しみ，動植物に優しい心で接すること。	(19)　自然のすばらしさや不思議さを感じ取り，自然や動植物を大切にすること。
感動，畏敬の念	(19)　美しいものに触れ，すがすがしい心をもつこと。	(20)　美しいものや気高いものに感動する心をもつこと。
よりよく生きる喜び		

付録６

小学校第５学年及び第６学年（22）	中学校（22）	
(1) 自由を大切にし，自律的に判断し，責任のある行動をすること。	(1) 自律の精神を重んじ，自主的に考え，判断し，誠実に実行してその結果に責任をもつこと。	自主，自律， 自由と責任
(2) 誠実に，明るい心で生活すること。		
(3) 安全に気を付けることや，生活習慣の大切さについて理解し，自分の生活を見直し，節度を守り節制に心掛けること。	(2) 望ましい生活習慣を身に付け，心身の健康の増進を図り，節度を守り節制に心掛け，安全で調和のある生活をすること。	節度，節制
(4) 自分の特徴を知って，短所を改め長所を伸ばすこと。	(3) 自己を見つめ，自己の向上を図るとともに，個性を伸ばして充実した生き方を追求すること。	向上心，個性の伸長
(5) より高い目標を立て，希望と勇気をもち，困難があってもくじけずに努力して物事をやり抜くこと。	(4) より高い目標を設定し，その達成を目指し，希望と勇気をもち，困難や失敗を乗り越えて着実にやり遂げること。	希望と勇気， 克己と強い意志
(6) 真理を大切にし，物事を探究しようとする心をもつこと。	(5) 真実を大切にし，真理を探究して新しいものを生み出そうと努めること。	真理の探究，創造
(7) 誰に対しても思いやりの心をもち，相手の立場に立って親切にすること。	(6) 思いやりの心をもって人と接するとともに，家族などの支えや多くの人々の善意により日々の生活や現在の自分があることに感謝し，進んでそれに応え，人間愛の精神を深めること。	思いやり，感謝
(8) 日々の生活が家族や過去からの多くの人々の支え合いや助け合いで成り立っていることに感謝し，それに応えること。		
(9) 時と場をわきまえて，礼儀正しく真心をもって接すること。	(7) 礼儀の意義を理解し，時と場に応じた適切な言動をとること。	礼儀
(10) 友達と互いに信頼し，学び合って友情を深め，異性についても理解しながら，人間関係を築いていくこと。	(8) 友情の尊さを理解して心から信頼できる友達をもち，互いに励まし合い，高め合うとともに，異性についての理解を深め，悩みや葛藤も経験しながら人間関係を深めていくこと。	友情，信頼
(11) 自分の考えや意見を相手に伝えるとともに，謙虚な心をもち，広い心で自分と異なる意見や立場を尊重すること。	(9) 自分の考えや意見を相手に伝えるとともに，それぞれの個性や立場を尊重し，いろいろなものの見方や考え方があることを理解し，寛容の心をもって謙虚に他に学び，自らを高めていくこと。	相互理解，寛容
(12) 法やきまりの意義を理解した上で進んでそれらを守り，自他の権利を大切にし，義務を果たすこと。	(10) 法やきまりの意義を理解し，それらを進んで守るとともに，そのよりよい在り方について考え，自他の権利を大切にし，義務を果たして，規律ある安定した社会の実現に努めること。	遵法精神，公徳心
(13) 誰に対しても差別をすることや偏見をもつことなく，公正，公平な態度で接し，正義の実現に努めること。	(11) 正義と公正さを重んじ，誰に対しても公平に接し，差別や偏見のない社会の実現に努めること。	公正，公平，社会正義
(14) 働くことや社会に奉仕することの充実感を味わうとともに，その意義を理解し，公共のために役に立つことをすること。	(12) 社会参画の意識と社会連帯の自覚を高め，公共の精神をもってよりよい社会の実現に努めること。	社会参画，公共の精神
	(13) 勤労の尊さや意義を理解し，将来の生き方について考えを深め，勤労を通じて社会に貢献すること。	勤労
(15) 父母，祖父母を敬愛し，家族の幸せを求めて，進んで役に立つことをすること。	(14) 父母，祖父母を敬愛し，家族の一員としての自覚をもって充実した家庭生活を築くこと。	家族愛， 家庭生活の充実
(16) 先生や学校の人々を敬愛し，みんなで協力し合ってよりよい学級や学校をつくるとともに，様々な集団の中での自分の役割を自覚して集団生活の充実に努めること。	(15) 教師や学校の人々を敬愛し，学級や学校の一員としての自覚をもち，協力し合ってよりよい校風をつくるとともに，様々な集団の意義や集団の中での自分の役割と責任を自覚して集団生活の充実に努めること。	よりよい学校生活， 集団生活の充実
(17) 我が国や郷土の伝統と文化を大切にし，先人の努力を知り，国や郷土を愛する心をもつこと。	(16) 郷土の伝統と文化を大切にし，社会に尽くした先人や高齢者に尊敬の念を深め，地域社会の一員としての自覚をもって郷土を愛し，進んで郷土の発展に努めること。	郷土の伝統と文化の尊重，郷土を愛する態度
	(17) 優れた伝統の継承と新しい文化の創造に貢献するとともに，日本人としての自覚をもって国を愛し，国家及び社会の形成者として，その発展に努めること。	我が国の伝統と文化の尊重，国を愛する態度
(18) 他国の人々や文化について理解し，日本人としての自覚をもって国際親善に努めること。	(18) 世界の中の日本人としての自覚をもち，他国を尊重し，国際的視野に立って，世界の平和と人類の発展に寄与すること。	国際理解， 国際貢献
(19) 生命が多くの生命のつながりの中にあるかけがえのないものであることを理解し，生命を尊重すること。	(19) 生命の尊さについて，その連続性や有限性なども含めて理解し，かけがえのない生命を尊重すること。	生命の尊さ
(20) 自然の偉大さを知り，自然環境を大切にすること。	(20) 自然の崇高さを知り，自然環境を大切にすることの意義を理解し，進んで自然の愛護に努めること。	自然愛護
(21) 美しいものや気高いものに感動する心や人間の力を超えたものに対する畏敬の念をもつこと。	(21) 美しいものや気高いものに感動する心をもち，人間の力を超えたものに対する畏敬の念を深めること。	感動，畏敬の念
(22) よりよく生きようとする人間の強さや気高さを理解し，人間として生きる喜びを感じること。	(22) 人間には自らの弱さや醜さを克服する強さや気高く生きようとする心があることを理解し，人間として生きることに喜びを見いだすこと。	よりよく生きる喜び

学習指導要領等の改善に係る検討に必要な専門的作業等協力者（五十音順）

（職名は平成 29 年 6 月現在）

安藤　明伸	宮城教育大学准教授
上野　顕子	金城学院大学教授
大谷　忠	東京学芸大学准教授
尾﨑　誠	神奈川県厚木市立荻野中学校教諭
神山　典子	ダイソン株式会社 コミュニケーションズディレクター日本＆アジア
加藤　順子	埼玉県さいたま市教育委員会指導主事
木村　美智子	茨城大学教授
杉山　久仁子	横浜国立大学教授
鈴木　真由子	大阪教育大学教授
鈴木　佳子	群馬県教育委員会義務教育課長
田口　浩継	熊本大学教授
竹野　英敏	広島工業大学教授
田中　宏子	滋賀大学教授
長島　淑子	埼玉県さいたま市立大成小学校長
藤木　卓	長崎大学大学院教授
森山　潤	兵庫教育大学大学院教授
谷田　親彦	広島大学大学院准教授
横山　真貴子	奈良教育大学教授

なお，文部科学省においては，次の者が本書の編集に当たった。

合田　哲雄	初等中等教育局教育課程課長
梶山　正司	初等中等教育局教科書課長 （前初等中等教育局主任視学官）
平野　誠	大臣官房教育改革調整官
大内　克紀	初等中等教育局教育課程課学校教育官
上野　耕史	初等中等教育局教育課程課教科調査官
筒井　恭子	初等中等教育局教育課程課教科調査官
嶋田　孝次	初等中等教育局教育課程課専門官
堀江　真	独立行政法人大学入試センター事業部事業第二課長 （前初等中等教育局教育課程課専門官）

中学校学習指導要領（平成29年告示）解説
技術・家庭編

MEXT 1-1724

平成30年 3 月30日　初版発行
平成30年10月10日　再版発行

発　行　者　東京都文京区向丘1-13-1
開隆堂出版株式会社
代表者　大 熊 隆 晴

印　刷　者　東京都千代田区西神田3-2-1
住友不動産千代田ファーストビル南館14階
三松堂印刷株式会社

発　行　所　東京都文京区向丘1-13-1
開隆堂出版株式会社
電　話　03-5684-6118

定価　本体143円＋税